Aprender a vivir

Maurizio Ferraris

Aprender a vivir

Traducción de Carlos Caranci Sáez

Alianza editorial
El libro de bolsillo

Título original: *Imparare a vivere*

Primera edición: enero de 2026

Diseño de colección: Estrada Design
Diseño de cubierta: Manuel Estrada
Fotografía de cubierta: Javier Ayuso

Copyright © 2024, Gius. Laterza & Figli, All Rights Reserved
© de la traducción: Carlos Caranci Sáez, 2026
© Alianza Editorial, S. A., Madrid, 2026
    Calle Valentín Beato, 21
    28037 Madrid
    www.alianzaeditorial.es

PAPEL DE FIBRA
CERTIFICADA

ISBN: 979-13-7009-120-0
Depósito legal: M-19854-2025
Printed in Spain

Índice

Índice

Prólogo
La caída

El año moría dulcemente[1]. Pero el 21 de diciembre de 2022 di positivo en Covid, y el 27, mi primer día de libertad (o de negatividad al virus, si queremos darle un tono dialéctico), me rompí el brazo izquierdo al caerme contra una piedra en Matera: fractura desplazada de húmero, fue el diagnóstico. Un golpe en muchos sentidos, y, en cierta forma, una iluminación. Y una reflexión, desde el momento en el que, bajo el aspecto de un accidente banal, una caída y un brazo roto, parece que la vida nos avisa y nos sugiere que todo aquello que creíamos que era estable, firme y consolidado, puede saltar en pedazos, así como el húmero se estrella contra el borde crudo de un escalón blanco y deslumbrante, ilumina-

1. «L'anno moriva dolcemente», así empieza la novela *Il Piacere* de Gabriele D'Annunzio (1890). En castellano: *El placer*, Cátedra, Madrid, 1991, traducción de Rosario Scrimieri. *(N. del T.)*.

do por un sol invernal y que sin embargo brillaba más que nunca.

El golpe produjo un húmero deconstruido, no solo en el sentido de que la composición física de la cabeza del húmero había cambiado, por lo que tendría que soportar con paciencia una actividad de reconstrucción, osificación y calcificación, sino porque, mientras tanto, un proceso similar tenía lugar, en paralelo, en el espíritu del sujeto dislocado, deconstruido, fuera de quicio y fuera de juicio en el que yo me había convertido, no solo y no tanto por el accidente cuanto más bien por la deriva que había tomado mi vida. Mi vida parecía, de hecho, estar fuera de quicio, y así lo ha parecido durante muchos meses (y en parte todavía lo parece, seamos sinceros), ya que todo lo que había programado se encontraba ahora patas arriba y, a la vez, puesto en duda. Por lo tanto, recolocar el húmero desplazado y al humano desbaratado que era su detentor ha tomado tiempo, y amenaza con tomaros también a vosotros.

Digamos que, queriendo ser optimistas, este proceso ha ocupado un espacio aún mayor que el que va desde el solsticio de invierno, el día en el que di positivo de Covid (y pasando un equinoccio de primavera que desearía poder olvidar), al solsticio de verano. Aquel día, tras haber sido invitado amablemente por mi Universidad a pronunciar un discurso acerca del significado del conocimiento, sobre todo en el ámbito humanístico, ya pude darle una primerísima forma a los varios apuntes, notas, fragmentos y escritos sobre el «aprender a vivir» que había ido acumulando a lo largo de los años y que el accidente había hecho –precisamente– precipitar.

No tenía previsto, obviamente, leerles la totalidad de aquellos apuntes a los asistentes, a los que habría dejado perplejos, consternados y aburridos; no habría osado desafiar hasta ese límite el sentido común y la buena educación (me habían sido asignados veinticinco minutos). Además, algunos de esos fragmentos eran parte de reflexiones personales o de escritos ocasionales, compuestos con anterioridad. Muchos otros, en cambio, eran añadidos y desarrollos surgidos de segundas, terceras y cuartas redacciones para un libro de escaso grosor pero cuya redacción ha sido laboriosa, ya que no se trata de uno más de los tantos libros que, por trabajo, por pasión, y espero que no por costumbre, he escrito a lo largo de mi vida.

En estas páginas, para dejar las cosas claras, no trato de filosofía. En el tema y en la forma estáis ante un *mélange* de asuntos que giran en torno a la vida y a cómo puede aprenderse a vivir. En definitiva, no llegan a ser «breves notas sobre el universo» pero poco les falta. Su objetivo no pretende ser autobiográfico, pero representa un intento de atraer el foco, a grandes rasgos, sobre la galaxia de sentimientos, resentimientos y razonamientos que emergieron durante la época del hueso dislocado y del tiempo deshuesado, el cual se volvió más informe y fluido debido a que los deberes habían desaparecido por culpa de la indisposición física y de las posteriores carreras de obstáculos para recuperar afanosamente los compromisos perdidos.

Con todo este insistir en lo dislocado y en el fuera de quicio, obviamente estoy pensando en Shakespeare. «The time is out of joint: O cursed spite, That ever I was born to set it right!». Así habla Hamlet, súcubo de esa durísima droga que es la autoconmiseración. «¡El mundo está fuera de quicio!... ¡Oh Suerte maldita!... / ¡Que haya nacido yo para ponerlo en orden!»[2]. Así habla el príncipe deprimido al final del primer acto, lamentando la situación del reino de Dinamarca.

«Out of joint» es la disfunción que ha sufrido un objeto técnico (por lo tanto, también un húmero desplazado, si entendemos el cuerpo como una máquina destinada a servir a nuestra voluntad). Pero también es el mal funcionamiento del tiempo, que se sale de sus coordenadas, de la escansión regular que le habían conferido nuestras actividades y nuestras costumbres. Un tiempo que, como una puerta rota, está desquiciado o desvencijado: a veces, en efecto, este verso es traducido como «el tiempo está fuera de sus goznes», o bien –con una expresión que ya casi solo se usa como metáfora para un estado de ánimo alterado– «está fuera de sus casillas». Por su parte, Hamlet se siente llamado a emprender una acción que es a la vez técnica y política, manual y espiritual: «to set it right». Arreglar, es más, proponemos, «reparar», porque no solo en Dinamarca es necesaria una acción tecnológica y huma-

2. Shakespeare, W.: *Hamlet*, Alianza, Madrid, 2005, I, 5, p. 64. [Aunque la mayoría de las notas de referencia incluidas son del traductor, solo se han señalado expresamente como «N. del T.» aquellas en las que este aporta algún comentario o interpretación más allá de la mera referencia bibliográfica. *(N. del E.)*].

nística para devolver tiempos, vidas colectivas y destinos individuales a su lugar.

Pero mis aspiraciones están bien lejos de ser tan titánicas. Ya me ha parecido titánica y ciclópea por sí sola la idea de comprender algo de una vida que se ha vuelto friable y desprotegida, «dañada», tal y como reza el subtítulo de los *Minima moralia* de Adorno, «Reflexiones desde la vida dañada», con un término que se usa también en medicina («el miembro dañado»[3]). Algo que me ha costado, como se puede imaginar, mucho esfuerzo. Un derroche que, tal vez, ha afectado a todas las fuerzas de autoanálisis que pudieran surgir, por una paradoja que no es tal, a partir de la compresión de lo que nunca he conocido salvo mediante esa forma especialmente insidiosa del «he oído decir» que es la literatura y la ensayística. Porque este librito mío procede no solo de la experiencia viva y de los acontecimientos verdaderos, faustos o infaustos que la caracterizan, sino también, si no más, de los libros, de los escritos, de las historias y de los cuentos; de ese murmullo indistinto, industrioso e industrial al que llamamos «literatura».

Así, la residencia y la resiliencia forzadas que siguieron al accidente me invitaron a pasar, con un mero cambio de acento, a Homero, y a tratar de darle forma (después de todo, era el brazo el izquierdo) a una idea que llevaba yo arrastrando desde hacía tiempo, aunque de una forma, también ella, bastante inconexa. A saber: penetrar y per-

3. Adorno, T.: *Minima Moralia. Reflexiones desde la vida dañada*, Taurus, Madrid, 1998.

manecer en un mundo estructuralmente triturado, así como también están trituradas y dispersas, bajo una mirada retrospectiva no demasiado indulgente, las vidas de los humanos, también de aquellos (por estadística, la mayoría) cuyo húmero no está fuera de quicio.

Un Húmero u Homero, en definitiva, literalmente troceado, no tanto como un osobuco, pero sin duda hecho pedazos, y es por eso por lo que el modo en el que presentaré este imperfecto intento de reparación consta de fragmentos o representaciones, aforismos de la vida y anécdotas de pensamiento con las que espero lograr recomponer, si no el hueso, por lo menos el espíritu; un calcetín remendado queda remendado y un hueso calcificado es más resistente aunque ya no es el mismo, pero puede ocurrir que las heridas del espíritu consigan recomponerse. Cuando un tropiezo nos advierte que, tal vez, no hemos aprendido aún a vivir, merece la pena intentarlo una vez más, esperando ese viento favorable que nos desencalle del bajío (¿qué era lo que decía Valéry? «¡El viento se levanta!... ¡Hay que intentar vivir!»[4]).

Antes de concluir este preludio, querría aún decir algunas palabras para justificar cómo he subdividido los contenidos. Lo que sigue es, en el fondo, una cauta apología de la tradición tecnohumanista, es decir, humanista en tanto que tecnológica y viceversa. Lo cual significa, sencillamente, que el mundo está lleno de apologías del humanismo como fuente de todo bien, así como, por

4. Paul Valéry, *El cementerio marino* (1920), en «Revista Chilena de Literatura», 29, 1987.

otro lado, las librerías rebosan de libros cuyo cometido es ponernos sobre aviso acerca de los peligros con los que la omnipotente técnica está amenazando al humano, desencadenando una batalla de la que se vaticina el triunfo de la inteligencia artificial que subyugará a la inteligencia natural.

Soy radicalmente escéptico respecto a esta versión, por la sencilla razón de que el humano es la mezcla inextricable entre un organismo, y como tal portador de necesidades y de fines, y una serie de medios –desde las herramientas más rudimentarias hasta la inteligencia artificial y, sobre todo, el mundo social, que es el más complejo de todos los aparatos tecnológicos que hemos construido y que nos define–: con lo que la iniciativa última, la decisión fausta o infausta, le corresponderá siempre al humano. Sin nunca olvidar, con todo, que el humano, como constructo natural y social, protagonista de esa maravillosa fábula que nos contamos a nosotros mismos («de animales a dioses»), no es sino el testigo secundario de eventos que se originaron antes de su aparición y que se concluirán dentro de años de los que perderá la cuenta porque habrá ya desaparecido desde quién sabe hace cuánto tiempo. Por lo tanto, las cuatro paradas de mi recorrido se centrarán en este «abrir y cerrar de ojos» de la historia natural y en una porción ínfima del mismo, la que yo he vivido directamente o a través de la cultura.

La primera parada, «Vivir», se pregunta qué puede significar aprender algo en relación al proceso vital en el que cada humano se ve implicado, lo quiera o no, y, a menudo, dolorosamente. ¿En qué consiste ese suceso oscuro y controvertido en el que nos hallamos envueltos desde el nacimiento hasta la muerte, ese puzle compuesto por los primeros días de colegio y por las citas a las que no acudimos, por los viajes inolvidables, ya porque fueron estupendos o porque fueron horrendos, por las cuentas de restaurante, por los hijos que nacen, por los amigos que mueren, por los días que no quieren terminar? Merece la pena preguntárselo porque no queda totalmente claro qué significa «vivir», tanto en el sentido biológico de nuestra primera naturaleza como en el sentido social, psicológico y cultural de nuestra segunda naturaleza. Y aún queda menos claro comprender si es posible, y de qué manera, aprender a vivir o, por lo menos, darse cuenta de lo que sucede, entre peripecias y aburrimiento, piedad y terror, temores, temblores y felicidades inesperadas. ¿Cómo lograr orientarse? Y, sobre todo, ¿quién nos asegura que todo esto no es solo la ilusión de llegar a entender y dar sentido a aquello que no se puede decir que lo posea? Es más, estricta y rigurosamente, no tiene sentido, siendo más bien una inflamación local y pasajera: tanto la vida de un humano respecto a la sociedad, como la vida en general respecto a los espacios y a los tiempos de lo inorgánico.

La segunda parada, «Sobrevivir», está consagrada en cambio a los múltiples y fallidos intentos que nosotros los humanos hemos urdido para darnos otra oportunidad, otra vida después de la vida. Una manera de alargarla, como Sheherezade con su sultán. Por ejemplo, tanto de forma minimalista como maximalista, por medio de la celebración del triunfo de la fama sobre la muerte, esperando dejar algún vestigio después de que todo haya terminado para nosotros. Con el dudoso resultado de emplear −sobre papiro o con el ordenador, como yo en este mismo instante− tiempo útil en hacer algo bueno, si no ya para nosotros mismos por lo menos para los demás. Y desde luego que hay cosas por hacer, desde cortar la hierba del jardín a la separación diferenciada de los residuos, y, sin embargo, a menudo dilapidamos nuestros días recogiendo y custodiando las señales que dejaremos para el futuro, como los kamikazes que, antes de sus misiones sin retorno, depositaban sus uñas y sus cabellos en un estuche, es decir, todo aquello que estaba destinado −si el término no sonara totalmente inapropiado− a sobrevivir al choque.

La tercera parada, «Previvir», tiene que ver con la juventud, la única fase de la vida en la que tenemos mucho tiempo por delante, por lo menos en un principio y si damos crédito a las estadísticas. No es necesariamente una edad alegre, y personalmente no le guardo una especial añoranza. No sabemos qué nos deparará la vida que vendrá, aquí, sobre la faz de la Tierra. La observamos, impulsándonos hacia delante, como si fuera algo que aún no existe, aunque nos encontremos inmersos en ella hasta el cuello. Un poco como cuando acababa el colegio y los primeros días no contaban como vacaciones, que solo comenzaban de verdad cuando se partía hacia la playa. Desde luego, nos hallamos colmados de esperanzas que aún no tienen nombre y de curiosidades ingenuas y peregrinas, y la prefiguración del dolor todavía no resulta tan nítida y tremenda como cuando somos adultos. Y, además, se dice que cuando somos adolescentes subestimamos los peligros a causa de las sobreabundantes neuronas, aún no estabilizadas. En estos años es cuando, para hacernos una idea de cómo la vida puede llegar a ser, leemos muchas novelas, nos apasionamos por la vida de los demás, escrita o vivida. La literatura entra en nosotros un poco como lo hicieron los cuentos en la infancia, y después continúa modelando una naturaleza que nunca es primaria sino siempre secundaria, contaminada, influenciada, condicionada.

La cuarta y última parada, «Convivir», es la que recoge la esencia de esta historia. Durante mucho tiempo también yo me acosté temprano, maldiciendo los portazos de los coches y el ruido de los motores de aquellos que salían de la última sesión de un cine cercano a la casa en la que viví de niño y de joven. Durante un periodo aún más largo, durante décadas, tal vez hasta el día de la caída, he cultivado el mito de una vida no diría que heroica, pero por lo menos solitaria, un poco como Fausto en su estudio. Sin duda debido a la influencia de mis lecturas, pero también por una cuestión de carácter. Convivir me parecía una obligación que nos imponía nuestra naturaleza de animales sociales, una especie de caída y de inyunción sociológica o zoológica. La convivialidad quedaba limitada a recreaciones más o menos obligadas, como comidas familiares y cosas parecidas (las fiestas de cumpleaños de los compañeros del colegio todavía eran una rareza), mientras que la *vita beata*, a la que a menudo he confundido con la *vita activa*, es más, con la vida fáctica y principalmente solitaria, era un juego abierto y a menudo prometedor.

Encontré la gran belleza durante mucho tiempo en algunos agostos turineses de los años setenta del siglo pasado, con la ciudad desierta, la casa vacía y la tesis por escribir, perdiendo toneladas de tiempo en lecturas secundarias y marginales. Ahora me pregunto quién me obligaba a ello, y qué es lo que podía encontrar yo de bueno en los fantaseos de un paseante solitario que recorría plazas y calles desiertas como si fuera el día después de un ataque nuclear o del paso de la peste negra. No había nada de bueno en ello salvo la esperanza, desenfocada hasta el punto de no dejarme entender que, si hay un sentido en el vivir, es precisamente el hecho de convivir, de pasar el tiempo propio con nuestros semejantes, y de escoger a algunos de ellos como los portadores de significados únicos. ¿Qué es lo que decía Rabelais? «yo no levanto más que piedras vivas, esto es, hombres»[5]. Y las piedras, si las dejamos a solas, no combinan demasiado bien entre sí, o puede que solo por accidente, y, desde luego, no construyen nada; sobre todo si están vivas, por lo que ya no son piedras sino organismos destinados, en soledad, a morir de hambre o de sed o de aburrimiento.

5. Rabelais: *Gargantúa y Pantagruel*. Libro Tercero, Tomo I, Centro Editor de América Latina, 1969, p. 258.

Por simetría con este prólogo o apólogo, concluiré con una coda, en sentido musical, o con una cola en sentido zoológico, como se quiera, o tal vez con una cola de paja[6], y que funciona como contrapunto a la caída que acabo de narrar y que constituye el inventario de lo que creo haber aprendido a lo largo de una vida que, por desána pero en realidad por suerte (podría haber sido requerido por los dioses y morir joven), ya es lo bastante larga como para haberme permitido atravesar esa delgada línea roja que separa al hombre maduro del viejo. Pero este prólogo también se ha vuelto demasiado largo; es hora de pasar de los *parerga* al *ergon*, del marco al cuadro, confiando en que no os decepcione demasiado (y, si eso llegara a ocurrir, desde luego, «creed que no se ha hecho aposta»[7]).

6. «Coda», en italiano, es aquí tanto el epílogo musical como la cola del animal. La expresión «con una coda di paglia» significa, literalmente, «con una cola hecha de paja», de un material, es decir, fácilmente inflamable, otra manera de aludir a la sensación de sentir un temor constante de ser el objeto de críticas o acusaciones aportada por una conciencia intranquila *(N. del T.).*
7. «Ma se invece fossimo ruisciti ad annoiarvi, credete che non s'è fatto apposta», frase cómplice con el lector con la que Alessandro Manzoni concluye *I promessi sposi* (1827). Traducción en castellano de Esther Benítez: *Los novios*, Alfaguara, Madrid, 2004. *(N. del T.).*

Vivir

«Había una vez dos peces jóvenes que iban nadando y se encontraron por casualidad con un pez mayor que nadaba en dirección contraria; el pez mayor los saludó con la cabeza y les dijo: "Buenos días, chicos. ¿Cómo está el agua?". Los dos peces jóvenes siguieron nadando un trecho; por fin, uno de ellos miró al otro y le dijo: "¿Qué demonios es el agua?"»[1]. Este pasaje de David Foster Wallace es tan conocido que no haría falta mencionar al autor, pero no querría yo que pensarais que estaba intentando hacerlo pasar como de mi cosecha. La pregunta sobre el agua vale también para la vida: ¿qué demonios es la vida? Y, modestia aparte, ¿se puede aprender a vivir? En un sentido, la respuesta parece obvia: claro que sí, tanto es así que estamos aquí y estamos viviendo: yo,

1. Foster Wallace, D.: *Esto es agua. Algunas ideas, expuestas en una ocasión especial, sobre cómo vivir con compasión*, Random House, 2014.

que he escrito y que releo estas líneas, y vosotros, que puede que las vayáis a leer.

Por lo tanto, si la pregunta «¿se puede aprender a vivir?» no es del todo obvia –hasta el punto de llegar a sonar, por momentos, ligeramente absurda– es porque esconde un aspecto estimativo; y si la explicitáramos sonaría así: «¿se puede aprender a vivir *bien*?». Así como, por ejemplo, aquel que ya respira puede razonablemente proponerse aprender a respirar mejor, más profundamente o más regularmente. Pero aprender a «vivir bien» parece más difícil no solo que aprender a respirar apropiadamente, o que aprender a nadar, sino incluso que aprender a filosofar. En la vida, como en filosofía, harían falta una investigación, una comparación y una aproximación; sin embargo, en la vida, aún menos que en filosofía, no hay dogmas ni reglas que sean reconocidas y aceptadas de manera universal: hay mil modos para vivir bien, así como hay otros tantos para vivir mal.

La empresa, de apariencia facilísima; la apuesta, ya ganada desde el momento en el que se hace («ego cogito, ego sum, ego vivo»), se revela, así, si no superior a las capacidades humanas, al menos altamente selectiva y reservada solo a aquellos pocos que –se suele decir– «saben vivir». Entre ellos, por culpa de un destino cínico y tramposo, no solemos estar nosotros. No se me escapa, claro está, la paradoja: «aprender a vivir» es, cuando menos, un proyecto de gran alcance; y es una frase que puede ser declinada de muchas maneras, tanto melancólicas («¿aprenderé a vivir algún día?») como amenazadoras («¡te voy a enseñar yo lo que es vivir!»), y, en general, manifiesta una ilusión o una presunción: la de que a nosotros, precisamente a nosotros, nos ha tocado aprender a vivir. Y aun así, a pesar de ello, no solo hay que aprender a vivir, sino que no hay un solo ser vivo que, de una manera u otra, no se haya adaptado a su condición.

Por algún sitio hay que empezar

Se puede –no lo neguemos, pues si no todo sería en vano– aprender a vivir, y no hablo solo de la existencia biológica. Es imposible que la experiencia no nos enseñe nada: incluso abrir una lata de atún, una operación arcana y titánica en los primeros años de vida y más tarde solamente compleja, puede convertirse en algo facilísimo. Manipular aparatos técnicos, ya sea un abrelatas o un software de inteligencia artificial, es uno de los actos más característicos del ser humano, así como lo es atarse los zapatos y conjugar verbos, todas ellas cosas que se aprenden con el tiempo. Pero aprender a vivir bien conlleva también un aspecto social, interpersonal y sentimental: tenemos que vérnoslas no solo con objetos o instrumentos sino también con otros «yo».

Y una cosa es conectarse, por ejemplo, a un aparato técnico, es decir, efectuar el salto desde la primera naturaleza a la segunda naturaleza, del organismo al mecanismo (y que es un paso que, como veremos, ya presupone, próxima o lejana, una comunidad); y otra cosa es el encuentro entre dos segundas naturalezas: dos intelectos, dos voluntades. Por esto es por lo que aprender a vivir quiere decir también aprender a convivir, a estar juntos (bien o mal, serenamente o neuróticamente) con los otros humanos. En este caso entran en juego esos elementos decisivos que son los sentimientos, las intenciones y las necesidades, que nos acomunan con los demás organismos y que, en nosotros, adquieren la forma peculiar e inesperada de la oposición, del señorío y de la servidumbre, de la conciencia, de la autoconciencia y de la razón –fases, todas ellas, recorridas por Hegel en la *Fenomenología del espíritu*, y que sería pretencioso querer volver a recorrer aquí, resumidamente y a ritmo de marcha[2].

En este estado de cosas, destaca un elemento que es obvio pero que no suele ser suficientemente tenido en cuenta. Concretamente, el hecho de que «aprender a vivir» es un imperativo categórico implícito que tiene que ver con cada uno de nosotros. ¿Qué clase de humanos seríamos si no buscáramos desarrollar reflexivamente lo que ya es nuestra dotación natural? ¿Si no cultiváramos, además de nuestras propensiones técnicas, nuestro florecer humano? No por casualidad, la cultura humanística está entretejida tanto por tratados sobre la amistad en sentido literal, desde el *De amicitia* de Cicerón en adelante, como por tratados que enseñan modos de convivencia considerados

2. Hegel, G. W. F.: *Fenomenología del espíritu*, Fondo de Cultura Económica, México, 2010.

como nobles y justos, desde *Gli asolani* de Bembo al *Galateo* de Della Casa y *El cortesano* de Castiglione, y así hasta todas la varias Condesas Claras y Doñas Leticias que, a partir de finales del siglo XIX, han ido enseñando, a quien quisiera aprender las buenas maneras, cómo se comportan «la verdadera señora» y «el verdadero señor»[3].

Pero antes de dedicarles una sonrisa de suficiencia a estas obras, inspiradas a veces por la maledicencia y otras por la mejor buena voluntad, tratemos de entender cuán crucial es este nexo entre vivir y convivir que sus bienintencionados consejos de sentido común están presuponiendo. Aristóteles, para demostrar que los pájaros están dotados de lenguaje, señala, no solo que hablan, sino que lo hacen de varias maneras, siguiendo *dialektoi* diferentes. Lo mismo puede decirse de los varios ejemplos, también de aquellos que son modestos o mínimos, en los que se manifiesta esta literatura dedicada a enseñar a vivir: no son todos iguales, y no hablo solo de las diferencias entre obras que, por un motivo u otro, han ingresado en el Walhalla de los Grandes Libros (¿qué son *La ética a Nicómaco* o la *Metafísica de las costumbres* sino tratados sobre el aprender a vivir?), sino también de aquellas que, por motivos comprensibles, fueron excluidas[4].

3. Cicerón, M. T.: *De Amicitia*, Gredos, Madrid, 1999; Bembo, P.: *Los asolanos*, Bosch, Barcelona, 2002; Castiglione, B.: *El cortesano*, Alianza, Madrid, 2020; Della Casa, G.: *Galateo*, Cátedra, Madrid, 2003.
4. Aristóteles: *Ética a Nicómaco*, Alianza, Madrid, 2014; Kant, I.: *Fundamentación para una metafísica de las costumbres*, Alianza, Madrid, 2012.

También aquí se trata de no meterlo todo en el mismo saco, y de reconocer las diferencias que median entre, pongamos, la antipatía que despierta casi en cada una de sus páginas *Il vero signore* de Giovanni Ansaldo, y la simpatía que, en cambio, suscita su correspondiente femenino, *La vera signora* de Elena Canino. Y, más allá de la pretensión –siempre ligeramente fútil– de querer introducir las reglas de la buena educación a lectores y a lectoras, circula, en los estantes rebosantes de este tipo de libros, desde los clásicos de la filosofía hasta los manuales de autoayuda, un espíritu compartido, a saber, el de ser conscientes de la naturaleza íntimamente social de la vida humana. Sin olvidar que, además de los momentos de convivialidad explícita, cualquier labor común que los humanos llevan a cabo con el fin de obtener un resultado práctico –en las partidas de caza prehistóricas, en las antiguas fábricas o en las plataformas y los *call centers* de hoy en día– constituye una manera de convivir, de estar juntos.

Se aprende a vivir a partir de acontecimientos a los que asistimos, de personas a las que tomamos como modelo, de una pedagogía directa o indirecta en instituciones como la escuela y la familia (obviamente, nada garantiza que lo que aprendamos sea correcto, es más, puede ser todo lo contrario). Pero existe también un camino alternativo, o mejor dicho, paralelo, trillado desde los tiempos más remotos, y que es el de la lectura: *tolle et lege*. Coge, abre, hojea, lee. Enriquece tu tópica, fortifica la imaginación. Sigue valiendo el argumento de Leibniz en los *Nuevos ensayos sobre el entendimiento humano*:

> quien haya visto con más atención mayor cantidad de retratos de animales y de plantas, más figuras de máquinas, más descripciones o representaciones de casas o de fortalezas, quien haya leído más relatos de ingenio, y escuchado más narraciones curiosas, ése, decía, poseerá un conocimiento mayor que otro, aunque no haya una palabra de verdad en todo cuanto se le ha descrito o contado; en efecto, la costumbre que tiene de representarse en el espíritu muchas concepciones o ideas expresas y actuales le convierte en más apto para concebir cuanto se le proponga, y resulta seguro que será más capaz y estará más instruido y ducho que cualquiera que no haya visto ni leído nada, con tal de que en dichas historias y representaciones no tome por verdadero lo que no lo es, y que esas impresiones no le impidan por otra parte distinguir lo real de lo imaginario, o lo existente de lo posible[5].

He aquí el punto al que quería llegar. Si bien a menudo es infravalorada cuando hablamos de «aprender a vivir» porque se sobreentiende «por experiencia», la lectura de novelas –y no solo de ensayos, de manuales de instrucciones o de prospectos de fármacos– es un expediente al que se acude, sobre todo durante la juventud, para entrar de una vez por todas en la vida, para desper-

5. Leibniz, G. W.: *Nuevos ensayos sobre el entendimiento humano*, Editora Nacional, 1983, pp. 426-427.

tar y salir de la infancia, para escabullirse de la rueda del *Samsara* doméstico y abrirse a un universo más grande y desconocido, a pesar de que esta es una intención que los lectores aprendices no suelen expresar muy abiertamente. Los motivos explícitos son de lo más variados: desde el deseo de entretenerse al de educarse, desde las ganas de alimentar la fantasía a la esperanza de llegar a experimentar sensaciones intensas. Pero es difícil negar que toda la literatura, incluso el más meditabundo *Bildungsroman*, es *literatura de evasión*. El asunto es que, tal vez, aunque sea un poco, la evasión se ve coronada por el éxito; parcial, porque se sale de un ciclo para entrar en otro.

Esta circunstancia, además de limitar el beneficio del fármaco, induce a adoptar cierta cautela cuando se cabalga a través de libros o maestros. Ya que, cuando alguien se presenta ante nuestros ojos como maestro de virtud, no lo hace necesariamente porque lo animen motivos virtuosos. Nuestro mundo está lejos de ser el mejor de los mundos posibles; o, mejor, sí que lo es, pero solo en comparación con otros. Lo mismo vale para los libros y los maestros: pueden ser mediocres o inducir a engaño, pero no podemos prescindir de ellos porque somos animales condenados a aprender durante mucho más tiempo y de manera mucho más tortuosa que otras especies de seres vivos.

Precisamente por esta circunstancia –y no sabemos si por ponerle un parche o por sumarle un nuevo defecto– el mundo rebosa de maestros de virtud, desde los ministros de algún culto a los psicoanalistas y (increíble pero cierto) los filósofos: todos ellos están dispuestos a enseñar a vivir, yo incluido, obviamente, y a poner por escrito sus propias doctrinas. De este modo, los estantes de las librerías, vegetales o digitales, regurgitan exhortaciones, descripciones e ilustraciones para la vida adecuada. Y, a menudo, son aquellos libros, arduos y en absoluto complacientes para con los lectores, los que por algún motivo (tomad nota) se encuentran siempre en lo más alto de las listas y nunca faltan en los expositores de las librerías, como *El Príncipe* de Maquiavelo o *El arte de la guerra* de Sun Tzu[6]. ¿Qué le pide a esos libros la persona que los compra –que probablemente los abandonará tras las primeras páginas, como haría también con *La imitación de Cristo* de Tomás de Kempis, *La exhortación a la vida bienaventurada* de Fichte o el *Oráculo manual y arte de prudencia* de Baltasar Gracián, los cuales, sin embargo, por algún motivo, no gozan de la misma difusión– y que los ha escogido solo porque la forma de abordar el tema le parecía más sulfúreo que el que prometen los manuales de autoayuda?[7]. Aprender a vivir, desde luego.

Hay quien es aún más radical y escoge el camino sugerido por Proust: se puede aprender a vivir *solo* con la literatura porque solo la literatura es vida: «La verdadera

6. Maquiavelo, N.: *El príncipe*, Alianza, Madrid, 2010; Sun Tzu, *El arte de la guerra*, Alianza, Madrid, 2022.
7. Tomás de Kempis, *La imitación de Cristo*, Porrúa, México, 2006; Fichte, J. G.: *La exhortación a la vida bienaventurada*, Tecnos, Madrid, 1995; Gracián, B.: *Oráculo manual y arte de prudencia*, Cátedra, Madrid, 1997.

vida, la vida al fin descubierta y dilucidada, la única vida, por lo tanto, realmente vivida es la literatura»[8]. No es esta una opinión que cuente con muchos seguidores, yo mismo no estoy muy convencido de ella. (En el extremo opuesto tenemos la afirmación de Pirandello, según la cual o vivimos la vida o la escribimos, dejando entender que su caso, con todas las obras que nos dejó, fue el segundo). Y, con todo, por paradójico o controvertido que pueda ser, el argumento de Proust tiene sus buenos motivos. Por un lado, él vivió cualitativamente más que muchos otros, precisamente porque la vida salvada como literatura gana una intensidad mayor, más detalles, más duración. Por otro lado, para fijar la vida por medio de un documento, no es necesario ser el titular de una vida excepcional, y aún menos escribir la *Recherche*. La vida vivida es siempre también una vida pensada, temida, imaginada y recordada.

Y cuando, en un momento determinado, en la plena presencia de un instante, algo del pasado vuelve a emerger, o bien una inquietud nos proyecta hacia el futuro, ¿no estamos tal vez ante la irrupción de las memorias, de los documentos, de la literatura? Una intrusión y una interrupción en ese flujo que parece hecho solo de presencia y al cual, por un equívoco lingüístico, llamamos «vida», un término, tan ambiguo y tan vago, con el que damos a entender no solo las peripecias de un organismo (aquí el término resulta perfectamente adecuado, así

8. Proust, M.: *El tiempo recobrado*, en *En busca del tiempo perdido,* vol. III, Alianza, Madrid, 2024, p. 766.

como su contrario, la muerte), sino también esa mezcla de cuerpo, alma, costumbres, gustos y disgustos, esperanzas y recuerdos, que llenan nuestros días y a los que solemos llamar «vida» conforme a una suerte de homonimia que, como estamos comprobando, genera muchas confusiones. Digo adrede «confusiones» porque se emplea la misma palabra –vida– tanto para indicar un proceso orgánico (la naturaleza) como para darle un nombre al batiburrillo del corazón humano (la segunda naturaleza).

En el extremo diametralmente opuesto al de la vida que es esclarecida por las letras, sin embargo, hay una opinión y una experiencia radicalmente antitéticas: la de que los libros no sirven para iluminar la vida. Y, aún menos, que la verdadera vida sea la de la literatura. Es la idea de Adriano, en la novela de Yourcenar:

La palabra escrita me enseñó a escuchar la voz humana, un poco como las grandes actitudes inmóviles de las estatuas me enseñaron a apreciar los gestos. En cambio, y posteriormente, la vida me aclaró los libros. Pero los escritores mienten, aun los más sinceros. Los menos hábiles, carentes de palabras y frases capaces de encerrarla, retienen una imagen pobre y chata de la vida; algunos, como Lucano, la cargan y abruman con una dignidad que no posee. Otros, como Petronio, la aligeran, la convierten en una pelota hueca que rebota, fácil de recibir y lanzar en un universo sin peso. Los poetas nos transportan a un mundo más vasto o más hermoso, más ardiente o más dulce que el que nos ha sido dado, diferente de él y casi inhabitable en la práctica. Para estudiarla en toda su pureza, los filósofos hacen sufrir a la realidad casi las mismas transformaciones que el fuego o el mortero hacen sufrir a los cuerpos; en esos cristales o en esas cenizas nada parece subsistir de un ser o de un hecho tales como los conocimos. Los historiadores nos proponen sistemas demasiado completos del pasado, series de causas y efectos harto exactas y claras como para que hayan sido alguna vez verdaderas; reordenan esa dócil materia muerta, y sé que aun a Plutarco se le escapará siempre Alejandro[9].

En las páginas que siguen a menudo oscilaré entre una visión y la otra, con una incertidumbre que es, probablemente, la única verdadera lección que me ha dado la vida. ¿Quién tiene razón? No es esta la ocasión para pronunciarse sobre este asunto, incluso puede que esa ocasión no llegue nuca; pero un punto queda claro: la necesidad, por parte de la primera naturaleza, por parte de la vida como urgencia orgánica, de alimentarse, en el caso del animal humano, de los frutos extraídos de la segunda naturaleza, libros incluidos.

La opinión común, que a menudo aporta excelentes razones, pretende que una educación libresca sea un expediente insuficiente o incluso nocivo frente a las enseñanzas que se derivan de la experiencia. No pretendo cuestionar esta visión, pero me interesa subrayar que, a menudo, sus partidarios no tienen en cuenta hasta qué

9. Yourcenar, M.: *Memorias de Adriano*, Edhasa, Barcelona, 2011, pp. 31-32.

punto nuestra vida es modelada (trataré de demostrarlo) por normas y formas que han sido extraídas de los libros. Por lo cual, si la afirmación «las intuiciones sin concepto son ciegas» –tal y como la leemos en la *Crítica de la razón pura*– es ligeramente hiperbólica, porque le confiere una desproporcionada importancia al aspecto conceptual de nuestra experiencia, entonces es difícil concebir, por ejemplo, un amor que no haya sido alimentado por las historias sobre el amor, por las canciones sobre el amor, por versos, por películas[10]. Puede que los conceptos no ocupen en nuestra experiencia todo el espacio que les adjudicaba Kant, pero las historias desde luego que sí: siempre están presentes, como si fueran estribillos o tramas con las que leemos nuestra vida, o guiones con los que la organizamos.

Y luego, en lo que respecta específicamente al momento actual, no debemos olvidar que el viejo prejuicio que oponía la letra muerta al espíritu vivo ha sido socavado por la circunstancia de que un inmenso aparato de grabación, es decir, la *web*, puede transformar la totalidad de la forma de vida humana en archivo y en letra potencial, siempre lista para volverse significado y valor. Estoy hablando obviamente de los *big data*, y sobre todo de la esfera, más restringida, de la pura y simple comunicación: es difícil no darse cuenta de cuántas novelas, de amor o de odio, han sido creadas de manera inconsciente por todos aquellos –que son ya una inmensa

---

10. Kant, I.: *Crítica de la razón pura*, Taurus, Madrid, 2013.

multitud– que, en los intercambios cotidianos, sin importar el objeto o el fin, anteponen el escribir al hablar, produciendo así una serie de infinitas historias que saturan la memoria de nuestros móviles. Si las combináramos y las juntáramos, así como hacía D'Annunzio con sus cartas de amor, que luego refundía en sus novelas, obtendríamos un gran arsenal de literatura potencial que debería incorporarse, obviamente, al inmenso volumen de literatura actual que inunda las librerías, extrayéndola directamente de esos mensajes o mimando su forma expresiva.

En el más acá los destinos no se reparan

Debemos, con todo, evitar un error fatal, la inadecuada confusión entre la vida y los libros que alimenta el esteticismo y que a algunos les indujo, hace tiempo, a declarar querer modelar su propia vida como si fuera una obra de arte; y que hoy a muchos les sugiere asumir modelos estereotipados, tipos ideales de vida con los que conformarse a sí mismos si no quieren sentirse incompletos o fallidos. No es esto a lo que se refería Proust cuando decía que la literatura es la única forma de vida verdadera, porque él sabía que la vida, si la comparamos con la literatura, peca por defecto, ya que, por lo general, para escribir nos aplicamos cuidadosamente, pero para vivir lo hacemos desconsoladamente, sin cuidado y sin gramática:

Cuando se trata de escribir, somos escrupulosos, miramos de muy cerca, rechazamos todo lo que no es verdad. Pero cuando se trata sólo de la vida nos arruinamos, enfermamos, nos matamos por mentiras. Verdad es que sólo de la ganga de esas mentiras podemos extraer (si ha pasado la edad de ser poeta) un poco de verdad. Las penas son servidores oscuros, detestados, contra los que luchamos, bajo cuyo imperio caemos cada vez más, servidores atroces, imposibles de sustituir y que por vías subterráneas, nos llevan a la verdad y a la muerte[11].

La vida que vivimos no en la literatura sino, justamente, en la vida, es otra cosa, un regalo oscuro, a menudo indescifrable, finito en cualquier caso. Hay un lapso de tiempo más o menos ajetreado y luego lo que ha pasado, pasado está. Termina siempre y de una sola vez, irreparable. Mientras que, por su parte, la literatura siempre puede seguir siendo corregida, pulida, acondicionada, rematada, es decir, terminada por segunda vez. Si no tenemos en cuenta esta distinción pueden surgir equivocaciones, suscitadas por una analogía engañosa. Puede, en definitiva, tomar forma la idea de que es posible intervenir en la vida y corregirla así como se corrige un texto, borrando las frases erróneas, añadiendo y reparando allí donde algo falta. Pero la cosa no funciona así en absoluto: aprender no es reparar, y los exámenes de reparación no terminan nunca y,

11. Proust, M.: *El tiempo recobrado*, cit., pp. 778-779.

sobre todo, nunca concluyen necesariamente con el aprobado.

¿Qué es lo que decía Simenon?

¿No he hecho soñar a Maigret con un oficio, ay, inexistente, el de «enderezador de destinos»?

Este es también, en cierto modo, mi sueño. Sufro al ver que la vida de uno o de varios seres humanos torna un viraje peligroso, como si un guijarro los hiciera tropezar cuando menos lo esperan. ¡He visto tantas vidas destrozadas como por efecto de una maldición inexplicable![12].

La reparación, por consiguiente, puede no darse nunca, y, en el mejor (o peor) de los casos, puede revelarse como un acto fallido. Lo hecho, hecho está. Y si bien nos dicen, para consolarnos, que todo tiene remedio, sabemos muy bien que hay por lo menos una cosa en la vida que es incorregible, y que es –no hace falta decirlo– la muerte; y también que más allá de estos dos extremos hay muchísimos otros accidentes, pequeños o grandes, pero irreparables: olvidar la tarjeta de crédito quién sabe dónde, el tren que se escapa, añadir sal al café por error...

Esto vale también para la reputación. Pensad en aquellos que han pasado a la historia solo por sus acciones miserables o tremendas: pensad en aquel que comete una masacre porque espera así legar, aunque sea de un modo abyecto, su propio nombre a la posteridad; o pen-

12. Simenon, G.: *Memorias íntimas*, Punto de Lectura, Madrid, 2000, traducción de B. Losada.

sad en aquellos que, en una conferencia que se celebra en las inmediaciones de un lago berlinés, deciden la solución final del problema judío, diciéndose a sí mismos que se trata de una decisión histórica de la que nunca nadie deberá saber nada (no se sabe con cuanto convencimiento, ya que luego permitieron que la *Shoah* fuera filmada y documentada). Tal vez –quién puede descartarlo, dadas las rarezas del corazón humano– esas tremendas decisiones fueron tomadas para lenificar un tormento interior que puede resumirse en el dicho que encontré en Balzac pero que no he sido capaz de recuperar: «¿Sois feos? Volveos terribles. ¡Nadie volverá a hacerle más caso a vuestra fealdad!»[13].

Bajo el rótulo de lo irreparable, lo incorregible, lo no enmendable, no encontramos solo el horror o la banalidad del mal. También encontramos lo ridículo, que muchas veces, y es lo más natural del mundo, le toma la delantera a lo trágico: es, por ejemplo, *l'esprit de l'escalier*, la humorada resolutiva, la réplica inteligente que se nos ocurre demasiado tarde, cuando nos encontramos ya bajando por las escaleras con el convencimiento –la mayor parte de las veces con razón– de haber quedado como unos imbéciles. Entre lo trágico y lo cómico, cada uno de nosotros puede, observando el propio pasado, redactar un catálogo, largo o breve según la edad, la ín-

13. La adjudicación de estas palabras a Balzac es poco firme. Más bien parece una paráfrasis de la frase de Nietzsche «¿Sois feos? ¡Bien, hermanos míos! ¡Envolveos en lo sublime, el manto de lo feo!», en *Así habló Zaratustra*, incluido en *Obras completas*. Volumen IV, Tecnos, Madrid, 2016, p. 97. *(N. del T.)*.

dole o el humor que se tenga, que recopile las cosas irreparables que se han hecho o dicho, y a veces que incluso solo se han pensado pero que han tenido consecuencias devastadoras: por ejemplo, percatándonos (o creyendo percatarnos) de que nos hemos equivocado en todo a lo largo de nuestra vida. Y luego, obviamente, están las decisiones impulsivas, o las frases que se soltaron sin pensar, puede que por provocar, o por el simple placer de la paradoja, algo que más tarde se intenta remediar, siempre inútilmente y a menudo patéticamente, diciendo cosas como que «estaba fuera de mí» o «estaba bromeando». El mal está hecho. Tal vez pueda ser reparado, pero no se sabe cuánto tiempo hará falta para ello y, sobre todo, nada volverá a ser como antes.

«*Comendador*: –¡Arrepiéntete, cambia de vida! ¡Es tu postrero momento! *Don Giovanni*: –¡No, no, no me arrepiento! ¡Aléjate de mí!»[14]. Es el célebre diálogo en el que el héroe de Mozart y de Da Ponte se hace cargo de su mal y no lo quiere enmendar de ninguna manera. No olvidemos, sin embargo, que nos hallamos en el palco de un teatro, y que quienes cantan son dos actores. Por lo general, en la vida se impone el arrepentimiento tardío y, a veces, eso que en la terminología burocrática del pago de tasas se llama «arrepentimiento activo». Para arrepentirse, con todo, es necesario que seamos conscientes de habernos equivocado, es decir, conocer la ley que hemos transgredido, y en la vida no siempre nos es conce-

14. Traducción al castellano en *Don Giovanni ossia, il disoluto punito*, Teatro Villamarta, Jerez, 2010, pp. 108-109.

dido recibir la admonición de un Comendador, o lo que Kant llama «la voz de bronce de la razón». Y no siempre esta voz es tan estentórea, es más, a veces no la oímos en absoluto.

Tomemos el apólogo de Kafka *Ante la ley*. La ley es lo que no puede ser infringido, es la vida certificada y, al mismo tiempo, es aquello que no se consigue alcanzar ni comprender, que nos deja a solas ante una falta fundamental, una inadecuación constitutiva, una indisciplina, la incertidumbre acerca de qué camino escoger o la certidumbre de haber enfilado uno equivocado. Ya conocéis la historia: el hombre del campo va ante la puerta de la ley, habla con el guardián y pide entrar. El guardián se lo impide, es más, lo asusta: tras la primera puerta hay otra, le dice, con otro guardián aun más terrible, y luego una tercera, y el guardián que la defiende es tan tremendo que ni siquiera él, el primer guardián, puede sostener su mirada. Pasan los años, pasa toda una vida, el hombre del campo está a punto de morir y, en ese momento, le pregunta al guardián cómo es posible, si todos los hombres buscan llegar hasta la ley, que nadie haya tratado de entrar. Conocéis también la respuesta del guardián: «No podría tener acceso nadie más que tú, porque esta entrada estaba destinada solo a ti. Ahora voy y la cierro»[15]. Adiós reparación: no has aprendido a vivir, nunca llegaste a entender cuál era la ley que debías seguir y mueres sin saber mucho más de lo que sabías

15. Kafka, J.: «Ante la ley», en *Ante la ley: escritos publicados en vida*, De-Bolsillo, Madrid, 2005.

cuando naciste. O en los inútiles largos años transcurridos ante la puerta de la ley.

La historia del plato mellado

Aquí tenemos, entonces, la primera gran lección de vida, el primer paso en el aprender a vivir: la ley, la manera correcta de hacer las cosas, puede ser ignorada, equivocarse es muy fácil y no hay ningún reparador de destinos: «se reparan muñecas» es algo bien distinto a «se reparan personas». Lo cual –lo vuelvo a decir, pero no es sino una demostración de lo extravagante y obstinado que puede llegar a ser el género humano– no ha impedido que el mundo abunde de supuestos reparadores, sin olvidar que, bajo un universal «hazlo tú mismo», buena parte de la humanidad se empeña en reparar por sí misma su propio destino, convencida, tal vez, de ser su artífice. Pero en la inmensa mayoría de los casos se trata de una empresa vana. Y, a menudo, puede traducirse en lo contrario de lo que se esperaba, en una alteración que deforma y empeora un camino que tal vez ya esté marcado. Esta es, por ejemplo, dado que hablamos del nexo entre vivir y escribir, la heroica y fallida hazaña de Fitzgerald, que buscó enmendar su propio nacimiento en una ciudad de provincia, alejada de la gente rica y famosa, con una actividad desenfrenada; y a cada paso su destino lo fue comprometiendo cada vez más, enroscándose a su alrededor, hasta la caída final.

Desde luego, pretender que se puede aprender a vivir –pongamos– siguiendo a un escritor como Fitzgerald, cuya vida es un fracaso, compensado con una literatura que habla de fracasos, parece peregrino y, con todo, es esta secreta esperanza lo que, entre otras cosas, nos invita a leerlo, así como leemos cualquier otro libro. Sus novelas y relatos nos hablan de un ascenso y una caída, salvo aquellos, cada vez más frecuentes con el paso de los años, que nos hablan de una caída y nada más, quedando el ascenso reducido a un antecedente remoto, como la meseta desde la que se inicia el deslizamiento por la pendiente. Esta es, en resumen, la moral (muy moralista, después de todo) de Fitzgerald, y la enseñanza que nos imparte. Aprender a vivir es aceptar un destino biológico, un camino hacia la autodestrucción. Sin duda una extraña manera de «aprender de la literatura», muy distinta de la manera preceptista de los manuales de autoayuda, pero instructiva a su manera.

¿Instructiva? De primeras no es evidente. ¿Qué es lo que nos enseña Dick Diver, el prometedor médico de *Suave es la noche*, que después de su paso por las villas de la Costa Azul y las clínicas de Suiza termina alcoholizado y desacreditado, abre un estudio en Búfalo «pero evidentemente sin éxito», y más tarde termina en Geneva, Nueva York, dándole a Nicole, la exmujer, «la impresión que se había juntado con una que le cuidaba la casa»? Más o menos lo mismo que nos puede enseñar Monroe Stahr, el héroe de *El último magnate*: «No es posible quedar excluido del cine, a menos que no seas un morfinómano o un alcohólico». Y también será un inmortal mito romántico el de Gatsby, cuyo asesinato en la piscina libera una grandeza shakespeariana, pero ¿qué es lo que nos enseña, salvo que nacer en una familia pequeñoburguesa en el Medio Oeste es un pecado inexpiable?[16].

Errando se aprende, o aprenden otros, he aquí la enseñanza que se obtiene y que es útil –a lo sumo, y raras veces– para otros, no para el interesado. Es la moral de las novelas y de los cuentos de Fitzgerald, cada uno más perfecto que el anterior, que son a su vez prédicas barrocas acerca de lo insuperable del destino y la infalibilidad del castigo. Las normas de prudencia y de sabiduría, que enuncia quedamente en las cartas que le manda a su hija Scottie, en las que resuenan los tonos del De *profundis* de Wilde, se transforman, en la narración, en autos de fe y autoflagelaciones[17]. Y si la trama de *Hermosos y malditos* puede parecer un poco demasiado evidente y didascálica, resulta difícil evitar un escalofrío gótico ante la perfección de *Regreso a Babilonia*, tal vez la más grande de las historias de Fitzgerald, con ese final en el que el pecador redimido, que está a punto de recuperar a la hija de la que, por mala conducta, le habían separado, lo pierde todo de nuevo cuando dos compañeros de juerga llaman a su timbre y le recuerdan, delante de los burgueses re-

16. Fitzgerald, F. S.: *Suave es la noche*, Alianza, Madrid, 2022; *El último magnate*, Anagrama, Barcelona, 2006; *El gran Gatsby*, Alianza, Madrid, 2021.
17. Fitzgerald, F. S.: *Cartas a mi hija*, Alpha Decay, Barcelona, 2013; Wilde, O.: *De profundis*, Siruela, Madrid, 2010.

Vivir

sentidos a quienes la hija les había sido confiada en custodia, los tiempos de Babilonia, el París de la era del jazz y las grandes borracheras de tiempos pasados[18].

Más exactamente, la admonición es «Claro, toda vida es un proceso de demolición», de acuerdo con el comienzo de *El Crack-up*, las tres breves secuencias autobiográficas de 1936, consideradas comúnmente como su mayor logro[19]. De acuerdo. ¿Pero por qué Fitzgerald –y es este el verdadero milagro– logra conferirle a esta moral, muy sensata y muy convencional, al alcance de un beato cualquiera, una grandeza digna de Austerlitz o, aún mejor, de Waterloo? En Gatsby se ha detectado acertadamente la influencia de Conrad, Gatsby es Kurtz y Nick Carraway es Charles Marlow, pero ¿en las demás obras? ¿De qué abismos afloran estos héroes del naufragio? Hay dos posibles hipótesis.

La primera, que suelto un poco temerariamente, es una especie de sociología del haber o no haber estado en el frente, cara a cara con la muerte. Al contrario que Ernst Jünger (solo un año más joven, pluriherido y pluricondecorado, y que incluso se había permitido una precuela en África, enrolándose con quince años en la Legión extranjera), al contrario que Hemingway o que Drieu La Rochelle, Fitzgerald llegó al frente demasiado tarde. Precisamente por este motivo, las fantasías guerreras son omnipresentes y todos los personajes han sobre-

18. Fitzgerald, F. S.: *Hermosos y malditos*, Alianza, Madrid, 2019; *Regreso a Babilonia*, Losada, Buenos Aires, 2013.
19. Fitzgerald, F. S.: *El Crack-Up*, Emecé, Buenos Aires, 2013.

vivido a algo. Ahora bien, nunca jamás, en Jünger, Drieu o Hemingway encontraremos la misma épica (o algo siquiera mínimamente parecido) que tenemos en Fitzgerald. Ellos conocieron la guerra, y no la añoraron cuando dijeron adiós a las armas. En Fitzgerald, por el contrario, se produjo el mismo efecto que encontramos en otro gran libro de la época del jazz, *Ser y tiempo* de Heidegger (1927, dos años después de *El gran Gatsby*)[20]. Si Fitzgerald llegó a Europa con la guerra terminada y escenificó en el bar del Ritz la epopeya que le faltó en el Somme y en Verdún, Heidegger por su parte la había observado de lejos, primero desde la oficina postal de Friburgo y después desde una estación meteorológica, que es, según parece, uno de los destinos militares preferidos por los filósofos (en 1939-1940, durante la *drôle de guerre*, también Sartre fue asignado a una estación meteorológica)[21].

Y fue precisamente la experiencia que no tuvo de la guerra la que indujo a Heidegger, en mi opinión, a asignarle al ser para la muerte la función crucial que ocupa en su obra maestra filosófica; es decir, a buscar en la certeza del final la posibilidad de encontrar un fin para la vida y un sentido para la historia. Porque –no lo olvidemos– el «morimos» y el temor de que esta vez nos toque precisamente a nosotros, es lo que debió hacer que la vida fuera

20. Heidegger, M.: *Ser y tiempo*, Fondo de Cultura Económica, México, 2024, traducción de J. Gaos y González-pola.
21. Safranski, R.: *Un maestro de Alemania. Martin Heidegger y su tiempo*, Tusquets, Barcelona, 1997.

especialmente auténtica a ojos de Heidegger. Tal vez, precisamente, porque ni siquiera la rozó, lo que hizo entonces que cultivara su fantasma, mientras que Jünger no hizo otra cosa que correr tras ella, acumulando heridas en el curso de las tormentas de acero que tuvo que afrontar y a las que, es más, parecía perseguir y cortejar.

Pero volviendo al asunto que nos ocupa, creo que la grandeza de Fitzgerald está en el hecho de captar, mejor que nadie, lo irreparable de la vida en la agudeza con la que reconoce la grieta, la fractura, el golpe seco, la caída, sin la intervención de ninguna metralla o bayoneta. Leamos íntegro el preludio de *El Crack-up*, fechado en febrero de 1936:

> Naturalmente, toda vida es un proceso de demolición, pero los golpes que ejecutan el costado dramático de la tarea —los grandes golpes repentinos que vienen, o parecen provenir, de afuera—, los que uno recuerda y culpa de ello a las cosas, y de aquellos que en momentos de debilidad habla a los amigos, no vuelven evidentes sus efectos de inmediato. Hay otro tipo de golpes que vienen de adentro, que uno no percibe hasta que es demasiado tarde para hacer algo al respecto, hasta que advierte de modo definitivo que en cierta manera ya no será un hombre tan bueno otra vez. El primer tipo de demolición parece producirse con rapidez, el segundo se produce casi sin que uno lo advierta, pero de hecho se percibe de repente[22].

22. Esta cita y las siguientes de Scott Fitzgerald provienen de la edición digital de *El Crack-Up*, Emecé, Buenos Aires, 2013.

Lo adviertes de golpe, pero ya es demasiado tarde. Esta es una de las características de la vida, que rara vez es conforme a un plan, sino que, exactamente como la metralla que explota a un paso de distancia y te tritura, a ti o a tus conmilitones, te sorprende de improviso. En ese instante es cuando puedes ver la grieta, más abisal que el Gran Cañón, pero ya es tarde, no hay remedio, está hecho.

La grieta, sin embargo, antes que ser la del Gran Cañón –como una caritativa amiga le sugiere: «El mundo existe solo a través de tu aprehensión de él, de modo que es mucho mejor decir que no eres tú quien tiene la grieta sino el Gran Cañón»–, es la de un plato. Fitzgerald retorna constantemente sobre esto: «Y me quebré como un plato viejo cuando oí las noticias», «como si fuera de loza cuarteada», y, aún, retomando el hilo del relato, escribe: «la continuación de la historia de un plato cuarteado» (obviamente, él mismo). En esa serie de artículos, que suenan como un adiós a la vida mucho más grave y penoso que un adiós a las armas, se destaca una frase: «I felt –therefore I was», «Sentía, luego era»; pero más apropiado sería tal vez «I fell –therefore I was», «Caí, luego fui». Caí, pero no en el frente, caí en la vida a la que llamamos «civil» y «cotidiana», en tiempos de paz, y me rompí como un plato rajado, pero me mantuve allí, no tuve la fuerza para quitarme de en medio; y es por eso por lo que aún estoy aquí, roto pero con una patética gratitud que se manifiesta en las líneas que concluyen el tercer y último texto de la serie; «No obstante, trataré de ser un animal correcto, y si me tiran un hueso con bastante carne hasta podría lamerles la mano».

«Caí, luego fui», y me mantuve allí, atravesado por la grieta, como ese plato agrietado que nunca se extravía, que siempre está por en medio, engorroso e inútil. «Los platos mellados nunca se rompen» –leo en internet–, la que es conocida como la «Ley de Pope» (no sabría decir cuál de los muchos); a mí en cambio me parece que debe ser de Baltasar Gracián: «la vasija quebrantada es la que nunca se acaba de romper, que enfada con su durar»[23]. Esta historia sobre la vasija puede generalizarse, obviamente, y sin duda también vale para mi brazo: me han asegurado que, a causa de la híper-calcificación a la que ha sido sometido, no debería romperse ya nunca más por ese mismo sitio, dejando sin embargo intacta la posibilidad de que se rompa por cualquier otro sitio, o que se rompa cualquier otra extremidad.

La vida verdadera

Pero el plato mellado es, concretamente, la vida de un ser humano. Precisamente por ser irreversible e irreparable, la vida (humana o animal) manifiesta un carácter o, por lo menos, una pretensión de autenticidad totalmente singular. Los mecanismos gozan de hecho de la reproductibilidad de la técnica sobre la que tanto se ha escrito,

23. Gracián, *Op. cit.*, aforismo 190.

que en lo digital se ha transformado en una sustituibili-
dad absoluta que supera el principio de la identidad de
los indiscernibles (dos plataformas pueden tener los
mismos idénticos datos, y su diferencia reside precisamente en el hecho de que ocupan dos puntos distintos
en el espacio). Pero, para que nos entendamos, la foto de
mi hija que llevo en mi móvil es absolutamente idéntica
a la que lleva mi mujer en el suyo.

A la inversa, la vida tiene, como dice Heidegger, un «carácter siempre mío». Y por esto es por lo que parece que
tiene sentido hablar de una vida verdadera como oposición a una vida falsa, y se puede acuñar, en alemán, la expresión *Erlebnis*, que en castellano se suele traducir con
«experiencia vivida», lo cual, después de todo, no carece
de ironía, ya que permite suponer que puede haber experiencias que no sea vividas. Pero esta ironía está, por lo
menos en parte, fuera de lugar: Kant, por ejemplo, habló
del Yo pienso, del espacio, del tiempo y de las categorías
como de las condiciones de la experiencia posible, si bien
luego no oculta –lo escribe precisamente en las primeras
líneas de la *Crítica de la razón pura*– que, en lo que se refiere al tiempo, el conocimiento comienza siempre con la
experiencia, es decir, justamente con la experiencia vivida,
esa experiencia que solo un viviente puede saber lo que es.

Con todo, cuando decimos «vida verdadera» no
siempre tenemos en mente la experiencia vivida. Más a
menudo nos estamos refiriendo a una vida vivida plenamente, con coraje y con fuerza; no hablo de no renun-
ciar a nada, de que debamos comer todos los frutos del

árbol de la vida, sino, al menos, de haber aprovechado los talentos que nos han sido dejados en herencia. Volvemos así a un punto que habíamos dejado en suspenso y que tiene que ver con el entrecruzamiento entre la vida como segunda naturaleza, como práctica de un organismo que, al contrario que los demás organismos, cultiva ideales, expresados o no expresados, y se conforma, conscientemente o no, con un determinado canon respecto al cual puede sentir si está siendo adecuado o inadecuado, o bien (también) si está en débito o en crédito. Si de hecho no existiera ningún estándar, implícito o explícito, el hecho de proponernos el ideal de reparar algo sería verdaderamente difícil.

Por ejemplo, el Odradek de Kafka –un extraño ser que vaga por la casa y que está a medio camino entre un organismo y un mecanismo roto– es perturbador justamente porque no queda claro si es un ser completo o solo un fragmento, irreparable pero testimonio de una unidad otra; o bien si es solo lo que es:

> Uno se sentiría inclinado a creer –señala el narrador– que esta figura tuvo en otro tiempo alguna especie de forma conforme a fin, y que ahora simplemente está rota. Pero éste no parece ser el caso; por lo menos, no hay ningún indicio de aquello; por ningún lugar se ve rudimento o fractura que corrobore esta suposición; tomado como un todo parece ciertamente absurdo, pero a su modo, acabado[24].

24. Kafka, F.: «La preocupación del padre de familia», en *Ante la ley*, DeBolsillo, Barcelona, 2012.

Ahora bien, ¿cómo se puede reparar algo cuya forma completa e intacta ignoramos? Lo mismo vale para reparar una vida o un destino ¿Cómo? ¿Por qué? ¿Conforme a qué ideal o estándar? ¿Cómo restaurar o ganar su forma auténtica?

«Auténtica», si hablamos de la vida, significa que no es simulada, sino que es la expresión de algo que es solamente nuestro. Lo cual conlleva una dificultad no menor, ya que es difícil encontrar algo nuestro, algo que sea única y exclusivamente nuestro, teniendo en cuenta la tasa de vida leída, aprehendida, imitada y enseñada que caracteriza a la existencia incluso del más existencial y esencial de los existencialistas. Por no hablar del problema de problemas con el que nos tendremos que medir al final de este libro: el convivir, el vivir juntos. Si vivir encuentra su completitud en la convivencia, en el hecho de compartir la propia vida con otros (humanos y no humanos, también puede valer un gato, al menos hasta cierto punto), entonces parece difícil pretender que la vida auténtica sea una vida únicamente nuestra. Siempre hay otros, en todas las vidas, incluso en la más solitaria.

Con todo, podemos extraer de aquí una moral provisional. Aprender a vivir en un sentido elevado es, lo estamos constatando, algo muy difícil de lograr, tal vez incluso una misión imposible. Pero vivir, en el sentido más lato del término, es algo que no solo hacemos desde el primer día de vida, sino que también es algo que se aprende, se complica, se ramifica. Es algo que nos es transmitido desde los primeros días de vida, literalmente con la leche materna, cuando desde los padres, los familiares y los educadores se nos prodiga un gran esfuerzo para hacernos aprehender el ritmo de la vigilia y del sueño, después la regularidad en la alimentación, después a ganar la posición erecta y dejar de gatear, y después, aún, a hablar, a escribir, a tener buenos modales o algo que se le parezca.

Al final de todo esto es cuando obtenemos no el hecho sino la premisa, o la promesa, de la «vida auténtica», que por lo tanto es definida de ese modo solo en tanto que una manera de hablar, siendo más bien el resultado de un círculo en el que el animal humano, que como tal está dotado solo de finalidades internas (alimentarse, dormir, tal vez aparearse, y, con toda seguridad morir), se ve equipado progresivamente con finalidades externas, acompañadas por lo general por el contacto con aparatos técnicos, tales como juguetes, ropa, cunas, biberones y, más adelante, con una infinidad de otros instrumentos materiales y espirituales. La autenticidad, en definitiva, no tiene nada que ver con la espontaneidad y la naturalidad, y, es más, es justo lo contrario que la primera naturaleza: es el ingreso en la segunda naturaleza, en la cultura, sea cual sea, en una vida social, técnica y cultural que, por este trámite, se convierte en una vida auténtica.

No sorprende, entonces, que también la vida «vivida plenamente» sea una construcción altamente cultural y tecnológica. Se podría objetar que quedarse en la cama todo el día, con una postura oblomoviana, también es vivir plenamente, porque no hay un estándar para la vida, no existe un metro de platino-iridio que permita medir su plenitud. Con todo, por lo menos según el parecer de la mayoría (entre los cuales me incluyo), una vida plenamente vivida es algo bien diferente que una vida oblomoviana, y, de hecho, implica una exuberancia y, a menudo, un despilfarro de actividades y esfuerzos, al nivel tanto de la vida profesional como de la vida personal e incluso sentimental (y a menudo aún más: nos damos cuenta de ello con el paso del tiempo). «¡Y, sin embargo, no se siente feliz y pleno quien de ese seno no liba el amor!» no es solo una célebre estrofa del *Rigoletto*: puede convertirse en un imperativo categórico, un mantra para adolescentes o un lamento para los ancianos[25]. La idea subyacente es que la unión sexual es, al menos en ciertas culturas y épocas, junto a la realización profesional o (también aquí depende de las culturas, se entiende) familiar, uno de los elementos que hacen que una vida sea «vivida plenamente». Son elementos diferentes, a menudo en conflicto entre sí, muy difíciles de alcanzar todos a la vez, incluso en lo que dura toda una vida, y cuya lista es obviamente mucho más larga que la que he dado.

Como resultado, nada hay de sorprendente en el hecho de que las vidas estén imbuidas de frustraciones, de faltas, de insatisfacciones; y por lo tanto también de re-

25. Piave, F. M: *Rigoletto*, Planeta de Agostini, Barcelona, 1990.

paradores de vidas más o menos profesionales, cuya obra rara vez se ve coronada por el éxito ya que, por definición, se trata de un análisis interminable, o, mejor, que solo puede terminar con la retirada del analizado o del analista. La verdad es que, siendo sutiles, no se da, nunca se ha dado, no se dará jamás, una vida «plenamente vivida»: siempre habrá un estado de falta, un defecto, o mejor aún, una serie de contradicciones entre los suplementos y los rellenos que deberían constituir el ideal. Y esto es lo que hace que incluso la vida aparentemente más plena de reconocimientos, precisamente por el exceso de expectativas y ambiciones, sea íntima y silenciosamente melancólica (Thomas Mann les confió a sus diarios la confesión de que, después de todo, también el Nobel había llegado demasiado tarde como para ser una verdadera consolación)[26].

Esa mezcla de alma y autómata

En definitiva, vive cuanto y cuando puedas: siempre habrá algo que te falte, y cuando el final llegue, te sorprenderá en mitad de algo que tendrás que dejar inconcluso. Pero con todo este asunto, aún no hemos afrontado la cuestión preliminar a toda lección de vida, a todo intento de aprender o de enseñar a vivir: ¿qué es la vida? ¿La sombra de un sueño fugitivo, como escribe Carducci, o

26. Mann, T.: *Diarios de entreguerras 1918-1939*, DeBolsillo, Barcelona, 2021.

la lucha del metabolismo contra la entropía, en la versión de Schrödinger?[27]. Ambas cosas, como he sugerido algunas páginas más atrás: ya sea un principio esencial, lo vivo como oposición a lo muerto, la *zoé*; ya sea lo que es vivido subjetivamente como una experiencia directa, la vida vivida, el *bíos*, la existencia. Y, en ambos casos, el rasgo fundamental es el hecho de que esta vida se caracteriza por la irreversibilidad de un metabolismo, un *on/off* absoluto que se diferencia radicalmente del *on/off*, *on/off* serial de un mecanismo. El alma, es decir, el portador de la vida orgánica, choca contra un término absoluto e insuperable, a saber, la muerte misma: un acontecimiento que no se da en la vida inorgánica, ya sea la de la materia no viviente que constituye el componente principal del universo, ya sea la de los mecanismos.

Mecanismos, nótese bien, ubicuos e inevitables para la vida de todo animal humano, que es, por lo tanto, necesariamente un animal politécnico, en el sentido etimológico de «dotado de muchas técnicas»: mirad a vuestro alrededor; aunque os hallarais en medio de una pluvisilva llevaríais ropa, usaríais reloj, puede que gafas y, seguramente, si lo estáis leyendo, este libro, cualquiera que fuera su soporte. Suplementos omnipresentes en la forma de vida humana en tanto que vida orgánica regularmente conectada con el trabajo mecánico. Es decir, con

27. Carducci, G.: *Jaufré Rudel*, en *Odas bárbaras: rimas y ritmo y Poesía varia*, Planeta, Barcelona, 1973; Schrödinger, E.: *¿Qué es la vida?*, Tusquets, Barcelona, 2015, traducción de R. Guerrero.

la actividad de aparatos que imitan las prestaciones que caracterizan a la vida orgánica pero lo hacen de manera serial, sin que haya un desarrollo efectivo ni, sobre todo, un final irremisible.

Nuestras funciones superiores resultan, por lo tanto, específicamente ligadas a la forma de vida humana, pero no porque esta posea de por sí algún don insuflado desde arriba, sino simplemente porque, al contrario que la mayor parte de los demás organismos y de una manera constante que no se da en ningún otro organismo, los humanos se sirven de mecanismos. Es decir, de instrumentos (un palo, un móvil...) abiertamente dotados de una finalidad externa y que, al contrario que los organismos, no se someten a la ley implacable del encendido o apagado y pueden ser usados iterativamente. ¿El móvil se apaga? ¿Cuál es el problema? Basta con ponerlo a cargar. ¿El lavabo se atasca? Llamad a un fontanero.

Estos aparatos técnicos dotan al humano con una capacidad de capitalizar tiempo y energía de una manera infinitamente superior a la de los organismos no humanos, y es precisamente esta situación la que determina la diferencia específica entre el animal humano y el no humano. Mientras que este último responde solo a las propias finalidades internas, el animal humano produce artefactos que actúan retroactivamente sobre la primera naturaleza humana, la orgánica, generando así una segunda naturaleza técnica y social que, a su vez, empuja a los humanos a cultivar robustas finalidades externas: encontrar un trabajo, un ambiente social, y, en definitiva, aprender a vivir. Con otras palabras, hay miles de motivos por los cuales «aprender a vivir» es un deber para el humano, pero su origen sigue estando ahí, en la relación entre la naturaleza y la segunda naturaleza que nos distingue de los animales no humanos.

Desde este punto de vista, el humano es una mezcla no de barro y aliento divino, sino de alma y autómata, de un organismo que postula fines y deseos y de un mecanismo que los potencia y, si todo va bien, los cumple. Es este, entre otras cosas, el motivo por el cual la mano, instrumento de instrumentos, que media en nuestra relación con una gran cantidad de aparatos técnicos, es el elemento fundamental que nos hace humanos. Por una parte, la mano nos permite manipular la materia y los instrumentos, por otra, libera la boca de las obligaciones que tienen que ver con la presa, como les pasa a tantos animales que (como señalaba Gregorio de Nisa en *La creación del hombre*), teniendo por ejemplo pezuñas en vez de manos, se ven forzados a tomar los objetos con la boca, de la que no pueden hacer uso para hablar.

Y, precisamente por su importancia, no es casualidad que la mano le haya interesado tanto a los filósofos y que incluso haya sido el objeto –en las *Partes de los animales* de Aristóteles[28]– de un contencioso a distancia con Anaxágoras. Anaxágoras decía que el humano es el más inteligente de los animales porque tiene manos, Aristóteles le dio la vuelta a este argumento al decir que

28. Aristóteles: *Partes de los animales. Movimiento de los animales. Marcha de los animales*, Gredos, Madrid, 2000.

tiene manos porque es el más inteligente de los animales. Cuán poco verosímil sea la versión de Aristóteles es algo que se ha demostrado por el hecho de que los delfines, que sin duda son inteligentísimos y poseen una masa cerebral superior a la de los humanos, por no hablar de que tienen cerebros más eficientes en muchos sentidos, no imparten conferencias sobre los humanos, mientras que los humanos sí imparten conferencias sobre los delfines. Esto depende simplemente del hecho de que, al permanecer en el agua, el delfín no ha podido desarrollar la mano y todas las formas de preadaptación, tales como los vivacs, los enseres y el contar cuentos alrededor de los vivacs, que constituyen el punto de partida de la segunda naturaleza.

La vida fingida

En virtud de este íntimo lazo con la técnica, no resulta paradójico que ese animal simbólico −al mismo tiempo que nos preguntamos acerca de la naturaleza de su vida y sobre su mayor o menor autenticidad− le pueda coger el gusto a las vidas fingidas, es decir, pueda volverse un apasionado, por ejemplo, de las novelas, las películas y otras narraciones. He aquí otro rasgo distintivo de la forma de vida humana: mientras que no encontraremos a un solo castor que muestre interés por el relato de las aventuras de un humano o de otro castor, no hay nada sorprendente en ver a humanos de todas las edades apasionarse por las vicisitudes de otros humanos, así como de las de los castores, los delfines o las ardillas. Ahora bien, desde el momento en el que se entretiene con vidas fingidas (o auténticas, tanto da que sean cotilleos o relatos históricos), el humano está recorriendo un camino que le ha sido enseñado ya desde pequeño por medio de las fábulas y de los dibujos animados. Y, con todo, desde una actitud reflexiva, puede llegar a preguntarse si merece la pena ir tras todas esas historias. ¿Qué clase vida es la que pasa ante sus ojos mientras recorre las páginas de una novela o sigue una serie en el móvil? ¿Qué estatuto se les puede dar a los cuentos de ficción? ¿Es un juego, casi un engaño, como pretenden algunos, o es una forma de verdad más profunda y radical que la de las noticias que se leen en el periódico o en sus sucesores contemporáneos?

En cualquier caso, el hecho es innegable: la vida verdadera está entretejida de manera inextricable con el cuento, la invención y la vida fingida. Y uno de los méritos de la vida fingida, paradójicamente pero no demasiado, consiste en arrojar algo de luz sobre la vida verdadera. Una vida que nunca es sencilla y completa, sino que siempre está contaminada desde el principio por la literatura, aunque sea en su forma más elemental, como cuentos, fábulas y canciones. Leonardo se definía a sí mismo como «homo sanza lettere» porque no escribía en latín, pero sin duda era demasiado severo consigo mismo, o demasiado obsecuente a los cánones de la época. El hecho es que un verdadero iletrado

–incluyendo el nivel básico de no haber llegado a escuchar de niño cancioncilla alguna– es un tipo humano anómalo o, más exactamente, no es un ejemplar de nuestra especie. Encontrar, en efecto, un humano completamente indemne de las letras es casi tan difícil como encontrar una cultura radicalmente carente de escritura.

Porque puede que esa cultura no tenga una escritura alfabética o ideográfica, puede que emplee, como escritura, cuerdas con nudos, como en las culturas incas, o, simplemente, anotará las fases lunares con ciertas muescas, como en el hueso de Ishango, que se remonta a veinte mil años antes de Cristo –pero, en todo caso, se valdrá de expedientes para conservar registros, que es por cierto la función originaria, esencial y seminal de la escritura. Lo mismo vale para los individuos: es difícil encontrar a uno solo que no se sepa, tal vez distorsionándolo, algún refrán o alguna fábula oída de niño. Cuando Marx, en *El capital*, para indicar el estado de degradación humana en el que se encuentra sumido el proletariado inglés de su tiempo, cita la ignorancia abismal de un niño de doce años cuyo conocimiento del mundo se reduce a «Tenemos un rey, y dicen que él es una reina; la llaman princesa Alejandra. Dicen que se casó con el hijo de la reina. [...] Una princesa es un hombre», y de un coetáneo suyo que declara: «No vivo en Inglaterra. Pienso que es un país, pero nunca supe antes de él»; con todo, no hay duda de que esos niños conocerían alguna fábula, así como es altamente probable que el padre de ese niño cantara canciones de taberna[29].

Pero sobre la cuestión del fingimiento, precisamente para tratar de mantener por lo menos alguna promesa en esta mi pequeña apología de la cultura tecnohumanista, es pertinente aclarar un poco las cosas. ¿Qué valor poseen las ficciones? ¿Qué hacemos con ellas? ¿Y por qué, a pesar de que en muchos casos podemos tener acceso a la verdad, o a lo que creemos que es tal, mantenemos siempre vivo el gusto por la ficción? El interrogante no es tan peregrino como parece, y apasiona desde hace milenios tanto a filósofos como a no filósofos. En efecto, en la segunda naturaleza del animal humano, en esa naturaleza duplicada que hace posible que se convierta en lo que es, la ficción ocupa un vastísimo espacio; y aquí aparece la cuestión de la autenticidad, no en sentido psicológico o antropológico sino epistemológico. Al revés que los chamanes o que los charlatanes, que adoran dárselas de reparadores de destinos, y al revés de quienes lo hacen con la mejor de las intenciones y con toda la seriedad del mundo, queda el hecho de que la ficción tiene el privilegio de poder contar cosas acerca de los destinos, reparados o irreparables, sin por ello equivocarse, desde el momento en el que lo que le pedimos al cuento solo ocasionalmente es la edificación o la terapia: nos basta una trama con su resolución ya que, en última instancia, lo que cuenta es el éxito tecnológico del artefacto.

29. Marx, K.: *El capital*, Tomo I, Vol. 1, Siglo XXI, México, 2008, p. 313.

Un modo verdaderamente peculiar de reseñar una película sobre unicornios consistiría en preguntarse si existen de verdad, o, tal vez, decretar que es una obra fallida porque trata sobre animales que no existen en la naturaleza. Descartada esta preocupación como fútil, el pensamiento fundamental del crítico de cine consistirá en cambio en decir si la trama y la ejecución artística son felices o infelices, conseguidas o no. No importa que el objeto de la narración exista o no: si se quiere, se puede perfectamente hablar sobre montañas de oro y sobre círculos cuadrados.

Lo que cuenta de verdad es la calidad de la ejecución y, cuando la ficción consiste en cuentos, suscita unos interrogantes que no son tanto ontológicos (¿existe o no?) o epistemológicos (¿es verdadero o falso?), sino tecnológicos (¿está conseguido o no?) y teleológicos (¿logra alcanzar el fin que se había prefijado?). El juicio que se emite sobre la vida fingida, en el sentido de una vida que es relatada, podría ser transcrito, en una nueva versión de la *Crítica del juicio*, en la tripartición entre una crítica del juicio estético (¿la ficción nos gusta o no?), una crítica del juicio tecnológico (¿la ficción está lograda, es un buen artefacto?) y una crítica del juicio teleológico (¿la ficción alcanza el fin que se había prefijado? ¿Demuestra, por ejemplo, que el vicio es castigado y la virtud es premiada, suponiendo que fuera esa la intención de la narración?)[30].

---

30. Kant, I.: *Crítica del discernimiento*, Alianza, Madrid, 2012.

La vida dañada

Tommaseo ironizaba sobre el hecho de que no sabemos de qué color eran los ojos de Lucia Mondella porque siempre baja la mirada, pero no puede descartarse que alguien pueda llegar a escribir un ensayo sobre el asunto, discurriendo acerca del estatuto de verdad de un enunciado sobre el color de los ojos de Lucia, tal vez poniéndolo en relación con la cuestión de si Emma Bovary podría haber tenido o no un lunar en el hombro izquierdo. El cual, no por casualidad, es un tema sobre el que Flaubert no nos pone al tanto, igual que Manzoni guarda silencio sobre el color de los ojos de uno de los personajes principales de su novela. El problema –si es que de verdad queremos encontrar un problema– no tiene que ver con los detalles, sino con el hecho de que se pueden construir sistemas de pensamiento enteros para reprimir lo esencial.

He aquí el asunto. No solo la vida puede ser auténtica o fingida, por lo menos en lo que respecta a las aspiraciones de los humanos; sino que, y es lo más importante, puede esconder lo que de verdad importa, tal vez bajo la forma de la evidencia más patente, como en *La carta robada* de Poe. Según muchos filósofos, este es el caso de la metafísica, que hoy vuelve a ser una rama respetada de la filosofía que estudia los primeros principios, pero que a ojos de muchos filósofos sigue gozando de una dudosa reputación, la de un pasado hecho a base de errores y de equívocos, como si fuera la historia de un mundo verdadero que ha terminado por convertirse en una fábula.

Es esta la visión que Nietzsche nos transmitió a Heidegger y a nosotros, que durante algunas décadas hizo de la «superación de la metafísica» la gloria de toda filosofía que pretendiera posicionarse a la altura de los tiempos. Ahora bien, queda fuera de toda duda el hecho de que en la idea de «metafísica», por su pretensión de alcanzar la esencia, parece cobijarse algo de hiperbólico y, tal vez, algo de violencia (*Violencia y metafísica* es el título de un célebre ensayo de Derrida sobre Lévinas)[31]. Pero también es verdad que la metafísica parece ser la mejor versión humanamente accesible al misterio de un Dios, de un primer principio, y con la capacidad de aportar orden y paz y de proporcionar alguna aproximación, aunque sea imaginaria, a la totalidad, a un círculo que finalmente se cierre y haga que nos sintamos seguros. Si bien, como en todo acontecimiento humano, la aspiración a la dulzura y a la paz reprima la violencia y trate inútilmente de ocultar un abismo.

«Y todo impulso, toda lucha, / Es eterna tranquilidad en Dios Nuestro Señor»: estos bellísimos versos de Goethe son, para el Adorno de *Metafísica. Concepto y problemas*, el retrato del Dios metafísico de Aristóteles, del motor inmóvil hacia el que se dirigen y en el que hallan la paz las inquietudes de los hombres y de la historia. Así, si la moral fue definida por Adorno como una

---

31. Derrida, J.: *Violencia y metafísica. Ensayo sobre el pensamiento de Emmanuel Levinas*, Anthropos, Barcelona, 1989.

«ciencia triste», la metafísica aparece como una ciencia optimista y progresista, porque está destinada a mediar entre lo caduco y lo eterno con toda la ventaja para este último. Aristóteles sería una especie de Ulises filosófico: cumpliendo un trabajo intrínsecamente ilustrado, su metafísica conserva un regusto mítico que, en este caso, es la tendencia hacia lo eterno y lo intemporal. Y esto constituye el carácter general de toda metafísica, según el prisma de Adorno.

No es muy diferente, en efecto, el proyecto de Hegel de resolver la ontología (lo que hay) con la lógica, es decir, con el concepto. O el de Husserl, que en la dialéctica entre la estructura (lo permanente y lo objetivo) y la génesis (lo contingente y lo subjetivo), opta sin vacilar por la primera. Por lo demás, ¿podía haber hecho otra cosa? La tendencia hacia la forma, hacia la sublimación, hacia la estabilidad, es legítima; la represión es inevitable, y por lo tanto Aristóteles o Hegel no yerran cuando se aplican a la alquimia que convierte lo negativo en positivo. Pero, llegados a un cierto punto, la máquina se encasquilla, choca contra algo que no se deja deconstruir, que es más fuerte que el pensamiento y que es la irrupción, histórica ante todo, de un negativo irrecuperable.

Por ejemplo, en los campos de concentración, las SS les decían a los condenados que al día siguiente llegarían a su dios a través de la chimenea. He aquí un negativo sin precedentes, que no se deja ya metabolizar en ese poco de optimismo que pervive en toda metafísica. Esta negatividad sin medida común se emparenta con la muerte, el elemento indigesto de toda vida, el tropiezo que no permite la clausura del círculo virtuoso que desde la génesis lleva a la estructura, de lo empírico a lo trascendental, de la historia a lo absoluto, de lo subjetivo y contingente a lo objetivo y necesario. Y la metafísica, la literatura y la cultura en general, tienden a menudo a hacer como si nada: idealizan, conceptualizan, estetizan y embellecen, es decir, precisamente, reprimen.

En uno de los pasajes más bellos que ha escrito –bello porque, precisamente, no lo escribió, sino que lo dijo en unas clases que más tarde fueron transcritas–, Adorno conecta la muerte con su aparente contrario: la infancia. La metafísica reprime «la zona que luego, en verdad, se creó al pie de la letra en los campos de concentración; y de la cual, de niños, nos hacemos una idea –cuando pasa el coche de la perrera, y cosas así– en experiencias a menudo subliminales: esto es lo más importante, esto es en el fondo lo que cuenta, la zona de la carroña y del desollador».

Al otro extremo de la vida, muy lejos de la infancia, tenemos al Hemingway de *Las nieves del Kilimanjaro*: «"Nunca te creas eso que dicen de la guadaña y la calavera [le dice Harry, el escritor fracasado, a su mujer, que le está cuidando]. Igual podrían ser dos policías en bicicleta, o un pájaro, o un hocico ancho como el de la hiena". Ahora avanzaba sobre él, pero no tenía forma. Ocupaba espacio, simplemente. "Dile que se marche". Pero no se fue, sino que avanzó aún más. "¡Tienes un aliento apestoso! –le dijo a la muerte–. ¡Zorra asquerosa!"»[32]. Y aún, al final, cuando el avión (real o fruto de una alucinación), apunta hacia la cuadrada cumbre del Kilimanjaro, Harry muere feliz. Ha dejado de tener miedo. ¿Qué es lo que une la experiencia de la metafísica como represión de la «zona de la carroña y del desollador» con Harry, que muere feliz porque cree que podrá salvarse? Simplemente la represión, el intento, estructuralmente fallido, de postergar el final o, mejor, de fingir que ese final no existe. Pero esa es una empresa, obviamente, que está destinada al fracaso.

32. Hemingway, E.: *Las nieves del Kilimanjaro*, Noguer y Caralt, Barcelona, 1999, p. 46.

Sobrevivir

Así que aquí estamos, en la segunda parada de nuestro camino, en esa suerte de vivir al cuadrado (o, a la inversa, de vivir demediado) que es el sobrevivir, es decir, no solo el hecho de seguir viviendo, de persistir con el propio ser a través del tiempo, sino también el hecho de buscar o de soñar otra vida, incluso una vez que el tiempo ha vencido. Apenas nos hemos acostumbrado a vivir y enseguida se torna insoportable la idea de que toda esta fantasmagoría de sonidos, olores, colores, sentimientos y resentimientos, felicidades y tristezas, vaya a desaparecer y, lo que es peor, nosotros con ella. Aprender a vivir, de repente, adopta otro cariz. Copiando al Freud de *Más allá del principio del placer*, «Lo que sigue es pura especulación y a veces harto extremada, que el lector aceptará o rechazará según su posición particular en estas materias. Constituye, además, un intento de perseguir y agotar una idea, por curiosidad de ver hasta dónde nos llevará»[1].

En efecto ¿hasta dónde nos llevará? ¿Dónde acabamos cuando la vida acaba? Son preguntas que se repiten con cierta frecuencia en Tolstói, por ejemplo, en la escena de la muerte de Andrej Bolkonskij en *Guerra y paz*:

> –¿Todo ha terminado? –exclamó la princesa al cabo de unos minutos, viendo que el cuerpo, inmóvil, se enfriaba ya.
>
> Natasha se acercó y, después de mirar los ojos sin vida del príncipe, se apresuró a cerrárselos. No los besó, se limitó a rozar con los labios aquello que constituía su recuerdo más cercano.
>
> –¿Adónde se ha ido? ¿Dónde está ahora?

Y es la misma pregunta que, veinte años más tarde, se hace en primera persona Iván Ilich, sin nadie que se ocupe de él: «Cuando yo ya no exista, ¿qué habrá? No habrá nada. Entonces ¿dónde estaré cuando ya no exista? ¿Es esto morirse? No, no quiero»[2].

Los suplementos técnicos y culturales que definen a la segunda naturaleza –y que no consisten solo en aparatos mecánicos, sino que abarcan la esfera social y cultural y, más en general y más confusamente, todo lo que definimos como el «mundo del espíritu»– poseen la caracte-

---

1. Freud, S.: «Más allá del principio del placer», en *Psicología de las masas*, Alianza, Madrid, 2010, p. 115.
2. Tolstói, L.: *Guerra y paz*, Alianza, Madrid, 2015, p. 435; Tolstói, L.: *La muerte de Iván Ilich*, Alianza, Madrid, 2016, p. 67.

rística de sobrevivir a la caducidad de cada individuo y de superar la brevedad de la vida que nos ha sido asignada por la primera naturaleza. De aquí se deduce la tendencia del animal humano a imaginar formas de sobrevivir tras la muerte, ya sea la supervivencia fuerte, la de la resurrección de los cuerpos, o la débil, la supervivencia de un *corpus*, es decir, la conservación, para la posteridad, de alguna memoria de lo que hemos sido y de lo que hemos hecho y, sobre todo, las huellas (el elemento mecánico, por ejemplo documentos escritos) que hayamos dejado.

El fin y el final

A pesar de haber sido reprimida por la metafísica, la muerte, a la que creíamos haber esquivado cuando tomamos la decisión de que se podía aprender a vivir sin tener necesariamente que aprender a morir, se marca un tanto. Según parece, en la época en la que daba clase en Bolonia, al término de las cenas con los colegas y los alumnos, cuando, tras haber charlado acerca de engorros académicos y cotilleos departamentales, se imponía el silencio, Umberto Eco, con un cigarrillo entre los dedos, habría dicho, pronunciando esa erre suya, típica de su Alessandria natal: «Y luego está el problema ese de la muerte». Sí, está el problema de la muerte, del final de la vida, del final en general, y que no somos capaces de superar en tanto que es lo insuperable por excelencia.

Si se puede aprender a vivir, o por lo menos intentarlo, sin aprender a morir, queda el hecho de que al final del camino, y por muy grandes y valiosas que puedan ser las experiencias, competencias y conocimientos acumulados a lo largo de la vida, siempre llega la última hora, el momento en el que el tesoro en su totalidad desaparece junto con nosotros. Desde luego, darse cuenta de este hecho es algo que, antes o después, se abre camino en la conciencia y se vuelve un elemento indispensable para aprender a vivir, una lección de vida que no logramos olvidar, una página del libro que no logramos arrancar.

O, por lo menos, es lo que les ocurre a los animales humanos, o a la mayoría de ellos. Y es el motivo por el cual hay humanos que envidian a los animales, porque creen que carecen de este conocimiento y que viven en el momento. ¿Es concebible un animal no humano que sepa lo que es la muerte? Heidegger lo descartaba al sostener que solo el humano sabe que va a morir. Pero esto era negar la evidencia del luto. Cuando mi madre murió, su gato cayó en un estado de melancolía incluso más manifiesto que el mío, y cuando, tres años después, murió él, tuve no solo, como es obvio, una punzada de dolor que me recondujo a la muerte de mi madre, sino que me pregunté si en el momento de su muerte, el gato no habría experimentado algo parecido a un sentimiento de plenitud.

Como es de suponer, no tengo ni la más mínima idea, así como no tengo ni idea de lo que haya podido sentir cualquier otro moribundo en el momento de su tránsito. Si es como una vela que se apaga, como una constatación («aquí estamos, me muero»), o quién sabe cómo. Es un hecho que los humanos –un compuesto de naturaleza y de segunda naturaleza– a menudo se representan su propio final (el cumplimiento del propio fin interno, la rendición del metabolismo) a sí mismos como un fin (la realización de un mandato) y, a la inversa, captan la inminencia del final cada vez que llevan a término una obra. Y sospecho que, a causa de su intrínseca dimensión cultural e histórica, este oscuro y controvertido don sea una prerrogativa del animal susceptible de ser educado. El hecho es que, para el animal humano, la espera de este final es también lo que le permite adjudicarle un fin y un significado a ese transcurrir del tiempo dentro de un organismo al que llamamos «vida».

El nexo entre la consecución del fin, el cumplimiento de la teleología, el más alto sueño de la metafísica así como de la vida, y el final, la caducidad, el tropiezo que interrumpe el sueño de plenitud de la metafísica y que sanciona la vida con una sentencia que no admite réplica, merece ser considerado con algo de atención, ya que no es algo accidental. Hay un verso que aparece dos veces en la *Ilíada*. La primera es en el libro dieciséis, verso 502. Sarpedón, rey de los Licios, ha sido herido por la lanza de Patroclo; exhorta a Glauco a seguir con el combate y muere. Héctor vengará a Sarpedón matando a Patroclo y, en el libro veintidós, tiene lugar la venganza de Aquiles, que hiere mortalmente a Héctor, cuya muerte es

descrita, en el verso 361, con la misma expresión emplea-
da para describir la muerte de Sarpedón: Ὣς ἄρα μιν
εἰπόντα τέλος θανάτοιο κάλυψε. Literalmente, «El *telos*
de la muerte le cubrió [los ojos y las narices] mientras hablaba». La traducción de Monti dice: «Así como estaba, le cubrió la sombra de la muerte»; Paduano propone
en cambio: «Mientras así hablaba, la muerte lo envolvió
en los ojos y la nariz», recuperando el sentido de la asfi-
xia, pero omite, incorporándolo en el verbo «envolver»,
el sustantivo *telos*. «Sus ojos se velaron con una sombra» es, en cambio, la versión en prosa de Maria Grazia
Ciani, de nuevo con la omisión de *telos*. En cuanto a la
segunda eventualidad, Paduano vuelve a proponer
«Mientras así hablaba, la muerte lo envolvió en los ojos
y la nariz»; Ciani «Apenas dejó de hablar, la muerte lo
envolvió»; y Monti, secamente, «Dicho esto, expiró»[3].
La muerte envuelve al moribundo como un velo, como
el extremo de la toga con el que César se cubre la cabeza,

---

3. Vincenzo Monti (1754-1828), celebérrimo por versionar en versos li-
bres en italiano la *Ilíada*, recopilando traducciones anteriores (1810); Gui-
do Paduano la traduce en 1997; Maria Grazia Ciani la traduce en prosa en
1990. La traducción al castellano del verso de la muerte de Sarpedón, por
ejemplo, en Fernando Gutiérrez (Homero: *Ilíada*, Planeta, Barcelona,
1999, p. 308): «Dijo así, y su nariz y sus ojos velaron la muerte»; y el de la
muerte de Héctor (p. 426): «Dijo apenas, pues su negro manto tendió en él
la muerte». En ambas traducciones se mantiene la imagen que quiere resal-
tar Ferraris: la del peso del *telos*, destino final, como una tela, velo físico que
se adhiere al rostro. O bien: Emilio Crespo Güemes (Homero: *Ilíada*, Gredos, Madrid, 1991) traduce el primer verso como «Apenas habló así, y el
término de la vida le cubrió los ojos y las narices» (p. 430), y el segundo:
«Apenas hablar así, el cumplimiento de la muerte lo cubrió» (p. 549). *(N.
del T.)*.

como un sudario, que es el último aparato técnico al que queda conectado un ser humano.

Con el *telos* entramos en un área semántica en la que se entrecruzan el límite, el seto que ocluye la vista hacia el infinito[4], el fin y el final, términos que a nosotros nos parecen distintos entre sí, incluso opuestos, pero que están todos ellos contenidos en el *telos*, así como por lo demás en el latín *finis*. *Telos* es el borde, el límite, el extremo, el tiempo establecido, el día de paga, el *rien ne va plus*, el golpe decisivo en un combate entre boxeadores, o en una batalla, o de la justicia. E incluso, es una hilera de guerreros (un número finito y predispuesto a un determinado fin); el culmen de los honores civiles; la consagración religiosa en los misterios, es decir, el fin y el final del noviciado; el bien supremo, la consecución de una finalidad que coincide con el cese de toda finalidad. *Telos* es también el final de una guerra, que era sin duda el objetivo de la guerra, es decir, la prosecución de los fines de la política por otros medios; o la realización de un deseo, el momento decisivo de una batalla, los inescrutables fines de Dios. Por fin –es oportuno decirlo– *telos* es el final de un relato, y no era infrecuente encontrar en los libros de los siglos XVII o XVIII la palabra «*telos*» allí donde hasta hace no mucho se ponía «fin».

Rebobinemos y regresemos al punto del que partimos y hacia el que, desafortunadamente, nos dirigimos. *Telos*

4. Paráfrasis del segundo verso del famoso idilio de Giacomo Leopardi *L'infinito*, 1826: «…e questa siepe, cha da tanta parte dell'ultimo orizzonte il guardo esclude…». *(N. del T.)*.

es el final, el que nos espera a todos. Y es, a la vez, el fin, «el objetivo de nuestra carrera», escribe Montaigne[5]; y por una paradoja que es el núcleo de la reflexión de Heidegger, este final tan seguro es precisamente el que le confiere un fin y un sentido a nuestros días. Nada hay más humano que ese fin que es también un final. Entendemos así por qué el atleta, al traspasar la meta al final de la carrera, corta un hilo de lana, exactamente tal y como Atropos cercenó el hilo que Cloto había tejido, y como los ministros cortan una cinta en las inauguraciones. Entendemos por qué la corona, que originariamente era una cinta, es símbolo de realeza y, sobre todo, por qué incluso una cabeza no coronada puede ver sus sueños coronados. Entendemos así el motivo por el cual una corona en miniatura, el anillo nupcial, marca la realización de un matrimonio (*telos* es, en efecto, también el cumplimiento de las nupcias, que una expresión melancólica define, por cierto, como la tumba del amor). Entendemos así también por qué ser un consumado artista o un estudioso «maduro», tal y como se escribe en los procedimientos concursales, es un cumplido, porque indica un estado de perfección que necesariamente se está dirigiendo a su final, y entendemos así la melancolía del entrelazamiento entre la finalidad y el final de la juventud, de la belleza y de la fuerza. Es inútil que tratemos de ocultárnoslo: el *telos* de muerte está presente en todos los actos de la vida, y la felicidad del fin logrado se

5. Montaigne, M.: *Los ensayos*, Acantilado, Barcelona, 2021.

entrecruza con la melancolía intrínseca del final de todas las cosas.

Las intermitencias del corazón

La teleología, que es la manera en la que terminan las cosas, su objetivo, es la que arroja luz sobre la arqueología, sobre cómo esas cosas empezaron, sobre lo que fueron al comienzo. Se ha dicho con justicia que, como en una procesión, la técnica trae al primer plano cosas antiquísimas. Se puede decir lo mismo de la experiencia, a saber, un evento puntual que se desarrolla en el presente pero que es capaz de hacer resurgir un pasado que, aparentemente, había desaparecido de nuestra memoria, y en cambio vuelve a aparecernos ahí mismo, cerquísima, vivo, como si nunca se hubiese ido, como si hubiese permanecido junto a nosotros sin que nos hubiéramos dado cuenta. El final no se elimina, es más, todo empieza a partir del final, a partir del extremo final del instante ya que es lo que le da el sentido a todo lo demás.

Así, literalmente, en el caso de la *Recherche* (una obra sobre la que volveré extensamente más adelante ya que, en lo bueno y en lo malo, constituye el palimpsesto de estas páginas). El narrador asiste a la fiesta de la Princesa de Guermantes (ya Madame Verdurin) tras haber pasado varios años en el sanatorio, y, al volver a ver a las personas ya conocidas pero ahora más envejecidas, se da cuenta visualmente del espesor físico del tiempo:

Muñecos, sí, pero muñecos que, para identificarlos con lo que habíamos conocido, había que leer en varios planos a la vez, situados detrás de ellos y que les daban profundidad y obligaban a un trabajo mental ante aquellos viejos fantoches, pues había que mirarlos, al mismo tiempo que con los ojos, con la memoria. Muñecos inmersos en los colores inmateriales de los años, muñecos que exteriorizaban el Tiempo, el Tiempo que habitualmente no es visible y que, para serlo, busca cuerpos y, allí donde los encuentra, los captura para proyectar en ellos su linterna mágica[6].

Otras veces es el pasado mismo el que se asoma al presente sin previo aviso. El suelo irregular del Palacio de Guermantes evoca el suelo de la Basílica de San Marcos; la servilleta húmeda que un criado le ofrece al Narrador para que se limpie los labios después de haber bebido una naranjada le traslada a la playa de Balbec. Y, por desgracia, a causa de las intermitencias del corazón, por culpa del pasado que nos sorprende por la espalda, el acto de atarse los cordones trae a la memoria a la abuela, la cual, sin embargo, al contrario que San Marcos o Balbec, no resurge, porque los muertos están muertos. Del mismo modo, quienes se han ido, como Albertine, pueden hacer sentir de manera punzante su ausencia. Como cuando, con una especie de silogismo, el Narrador se da cuenta de que ya ha pasado una semana desde la fuga de Albertine al recibir la visita del peluquero que, como

6. Proust, M.: *El tiempo recobrado*, cit., p. 791.

cada semana, llega para cortarle el pelo: la última vez Albertine estaba presente, ahora ya no está. También aquí hay una resurrección, pero de una ausencia, porque las personas, al contrario que las sensaciones, no están enterradas en la memoria, y, si están enterradas, lo están para siempre.

«Nada es duradero, ni siquiera la muerte», leemos en uno de los seis artículos que Proust publicó en 1907 en *Le Figaro*, «Une grand-mère». Este es el fundamento de la idea de las «intermitencias del corazón» (que durante mucho tiempo fue un posible título para la *Recherche*). Los amores más queridos, los afectos más profundos, pueden desaparecer, como en la frase del amigo del abuelo del Narrador: «pienso muy a menudo en mi pobre mujer, pero mucho, mucho de una vez no puedo pensar en ella»[7]. He aquí el sentido que posee, por ejemplo, el análisis del olvido después de la fuga y la muerte de Albertine, del que Proust estaba particularmente orgulloso y que, probablemente –a partir del reconocimiento de que el dolor por la muerte de la madre también era intermitente–, constituye el núcleo patógeno de la entera catedral de Proust. Buscar el tiempo perdido, hacer que resurja, es una empresa fallida desde el comienzo, precisamente porque nada es duradero. Y lo que esta obra nos ofrece no es una verdadera redención, sino una tentativa de supervivencia que, sin embargo,

---

7. Traducción de Pedro Salinas, en Proust, M.: *Por el camino de Swann*, en *En busca del tiempo perdido,* vol. I, Alianza, Madrid, 2024, p. 22. *(N. del T.).*

como toda supervivencia y toda tentativa, trae consigo la sombra de la derrota.

Tres mil páginas para nada, o, mejor, para muy poco. Porque –en cualquier caso– la verdadera resurrección del tiempo no es la que aparece construida en la novela, sino esas esporádicas incursiones en las que el dolor o el placer afloran de manera involuntaria desde el pasado, cogiéndonos con el pie cambiado, sorprendiéndonos, con un proceso según el cual el cuerpo y los sentidos cuentan mucho más que el espíritu y la inteligencia. «Así ocurre con nuestro pasado. Es trabajo perdido el querer evocarlo, e inútiles todos los afanes de nuestra inteligencia. Ocúltase fuera de sus dominios y de su alcance, en un objeto material (en la sensación que ese objeto material nos daría) que no sospechamos. Y del azar depende que nos encontremos con ese objeto antes de que nos llegue la muerte, o que no le encontremos nunca»[8]. No le pasa solo a Proust obviamente. Cuando más adelante, tras mucho imitar, disponemos por fin de un pasado (o, más exactamente, el pasado se dispone detrás nuestro y nos iza sobre sus zancos), de nuevo es Proust quien nos enseña a reconocer su intermitencia: cuando al Narrador le da un vuelco el corazón al sentir que verdaderamente la abuela ha muerto, o cuando la felicidad de un pasado puro resurge gracias al tintineo de una cucharilla, al sabor de una magdalena o a la irregularidad del empedrado. Creíamos que el pasado se había termi-

8. Ibíd, p. 47.

nado quién sabe dónde y, por el contrario, descubrimos que siempre ha estado ahí, junto a nosotros. Escuchamos por casualidad en una tienda de juguetes (a mí me ha ocurrido) el sonido que emite un oso de peluche igual al que teníamos de niños. Han pasado muchísimos años pero no «es como si fuera ayer», como se dice a veces: es, en cambio, hoy; no hay distancia entre el recuerdo y el presente.

Morir es partir un poco demasiado

Si partir es un poco morir, morir es partir un poco demasiado. Esto, vuelvo a decirlo aquí, explica la variedad de mitos de resurrección entre los que la Pascua cristiana es una de las versiones que nos resultan más familiares, incluso si hemos perdido el contacto con el significado que tenía para los primeros creyentes. Porque, como ocurre con todo, en el cristianismo original la resurrección de Cristo era también la anticipación de un acontecimiento, el fin de los tiempos y la resurrección de los cuerpos, que era esperado como algo inminente. Que Cristo hubiera realmente resucitado era la prueba de que también nosotros, como Lázaro, resucitaremos. Desde hace siglos ya no es así. «El que en el Señor confía / Resucitará con él», escribió Manzoni en los últimos dos versos de *La Resurrección*, pero ahí estaba citando una doctrina, y no sabemos si manifestaba una certeza –igual pero opuesta a la de un centurión romano que hizo que grabaran sobre su tumba: «estoy seguro de que no hay un mañana»– o solo una esperanza.

Por consiguiente, dudo que la promesa del renacer, tan contraria al resto de nuestras opiniones sobre el mundo, ocupe los pensamientos que hoy en día se asocian a la Pascua. Y tampoco es algo accidental, creo, el hecho de que el fuego litúrgico se concentre ahora en la celebración del Viernes Santo, que conmemora la pasión y la muerte de Cristo, es decir, algo que de ninguna manera entra en disonancia con la mera razón: un hombre se sacrificó por todos nosotros y murió. En cuanto al hecho de resucitar, eso ya es otro asunto y, por lo que a nosotros respecta, si bien en teoría la idea de la resurrección sea la promesa más grande que un mortal pueda concebir, en la práctica la humanidad contemporánea confía poco en ella y, en todo caso, ha desplazado sus esperanzas hacia vías aparentemente más factibles si bien llenas de contraindicaciones.

Por lo tanto: ¿a qué nos podemos aferrar para aliviar el dolor de nuestra inevitable y (según parece) definitiva desaparición? Con toda seguridad, no a la esperanza de que pueda sobrevivir en nosotros un puro espíritu. Porque lo que nos distingue es el cuerpo, y consolarnos pensando que nuestro espíritu, que habría salido volando tras la muerte, siga existiendo, es, por un lado, un despropósito –por decirlo así– gramatical, desde el momento en el que el espíritu no tiene nada de orgánico y por lo tanto no vive, y ni mucho menos sobrevive. Por otro, es un absurdo psicológico, porque no tengo dudas de que el teorema de Pitágoras en el que estoy pensando en este momento está destinado a sobrevivir, pero me pregunto de qué manera la supervivencia de un teorema debería confortarme a mí frente a mi propia desaparición individual. Lo mismo vale para un argumento que sea afín a la inmortalidad del espíritu o de las ideas, es decir, aquel según el cual todos somos parte de una única vida y que la materia que nos compone estaría destinada a resurgir en otras vidas y en otras especies. También aquí, pensar que las partículas subatómicas que me componen puedan, desde el momento en el que muero, reciclarse en manzanas, bicicletas o ardillas, me consuela aún menos que la supervivencia del teorema de Pitágoras.

No nos engañemos, toda la fuerza de la idea de la resurrección de los cuerpos reside en el hecho de que somos nosotros quienes renacemos, nosotros mismos, no los pensamientos que tuvimos, o las partículas genéricas que componen nuestros cuerpos. Y tampoco se trata del resurgir de un «cuerpo espiritual», todo un oxímoron, algo así como un fantasma. No olvidemos que cuando Cristo reaparece ante los discípulos de regreso a Emaús, come un pescado ante sus ojos para demostrarles que aquello que ha recuperado tras la resurrección es un cuerpo auténtico.

Pero nosotros tenemos –como he dicho más veces– algo que es específico y especial. Al contrario que otros organismos, el humano está sistemáticamente conectado a prótesis mecánicas que poseen, como todo autómata, las propiedades de ir más allá de la finitud individual.

Los dispositivos técnicos, la sociedad y la cultura, nos ponen en contacto con formas de vida que están lejos de la nuestra tanto en el espacio como en el tiempo, y nos prometen, a través de las instituciones y las obras, remolcar algo de lo que somos más allá del río del olvido. Es una suerte de resurrección, pero muy tenue, poco más que una sombra.

¿Qué le escribía Champollion a su hermano desde Egipto, el 6 de noviembre de 1824?:

> He visto correr entre mis dedos nombres de años de los cuales la Historia había perdido toda memoria, nombres de dioses que no tienen altares desde hace ya quince siglos, y he recogido, aguantando la respiración para no deshacerlo, un trocito de papiro, último y único refugio de la memoria de un rey al cual, tal vez, en vida le quedaba pequeño su inmenso palacio de Karnak.

Esta supervivencia es, por así decir, una resurrección del *corpus* que ofrece una alternativa sostenible a la resurrección de los cuerpos. Por un lado, no desnaturaliza el trazo único de la vida, humana y no humana, es decir, su destino de final sin remisión. Por otro, sin embargo, al explotar el elemento específico de la forma de vida humana, es decir, su conexión con suplementos técnicos, les confiere a estos últimos un mandato no de resurrección sino de supervivencia.

En nuestros días, la tecnología ha introducido en este campo una suerte de democratización. En el fondo, la gran injusticia inherente al modesto triunfo de la fama sobre la muerte consistía en que solo a muy pocos les estaba permitido acceder a él. Quedan los reyes (si cuentan con un Champollion), los héroes y aquellos que han adquirido esa forma ingrata de fama que es la infamia; todos los demás caen en el olvido. En la web, en cambio, todos sobreviven, sin forma alguna de selección histórica, sin ningún mérito y, como mucho, existe el riesgo de que en toda esa algarabía pueda llegar a producirse un ruido de fondo que mezcle los méritos auténticos con la total falta de méritos, razones y cualidades. En los tiempos en los que la reproducción de las huellas era más laboriosa y requería un mayor esfuerzo, había que pensárselo dos veces antes de copiar un manuscrito carente de valor. Ahora tenemos huellas de todo, todos los textos (y, obviamente, también todos los engaños y todos los errores, exactamente como en la biblioteca de Babel) sobreviven sin que nadie sienta la necesidad o tenga el interés de leerlos. Queda el hecho de que la explosión de la escritura a través de la web multiplica de golpe las posibilidades de un sobrevivir que no desnaturaliza el carácter absolutamente singular del vivir, remolcando algo de lo que somos más allá de la muerte. Detengámonos a pensar antes de escribir idioteces en las redes sociales, porque si no sería como en las palabras finales de *El proceso* de Kafka: «y fue como si la vergüenza le fuera a sobrevivir»[9].

9. Kafka, J.: *El proceso*, Valdemar, Madrid, 2016.

Desventajas del sempiterno

Por otra parte, si excluimos la resurrección fuerte y reconocemos los límites de la débil, parecería abrirse un tercer camino, el del sempiterno, el de no morir nunca, tal vez permaneciendo jóvenes. Es el sueño que nos podría vender una marca cualquiera de cosméticos y que posee numerosas variantes literarias. Por un lado tenemos *El retrato de Dorian Gray*, de Oscar Wilde, donde el que envejece es el retrato, no el sujeto[10]. En el lado opuesto tenemos *El curioso caso de Benjamin Button*, de Fitzgerald, cuyo héroe nace viejo y rejuvenece con el pasar de los años[11]. A ninguno de los dos les sale demasiado bien la lucha contra el tiempo, y, sobre todo, revela aspectos en absoluto agradables. Sin embargo, es una opinión relativamente común pensar que, entre todos los juegos que los humanos llegan a elaborar para tratar de engañar al tiempo, el más filosóficamente interesante es el de describir la vida sempiterna (que no eterna, porque al final todos nacemos) en el *Caso Makropulos*, una comedia del checo Karel Čapek.

La obra se estrenó en diciembre de 1926, pero ya en diciembre del año anterior había salido una versión operística realizada por Janáček de acuerdo con el autor y que probablemente sea hoy mucho más conocida y representada que la comedia. La protagonista es una mu-

10. Wilde, O.: *El retrato de Dorian Gray*, Alianza, Madrid, 2011.
11. Fitzgerald, F. S.: *El curioso caso de Benjamin Button*, Nórdica Libros, Madrid, 2014.

jer de casi cuatrocientos años pero que dice tener cuarenta y dos e, incluso, aparenta ser más joven que esa edad pseudo-oficial. Ha vivido muchas vidas, ha desempeñado muchos trabajos (ahora es cantante de ópera), ha tenido muchos amores y mucha felicidad, pero, como se puede imaginar, no puede más, tanto es así que rechaza beber la poción mágica que hasta ese momento le había garantizado la inmortalidad y muere, mientras que una joven mujer, ante el disgusto de varios ancianos señores a su alrededor, quema la receta.

He dicho que no puede más de vivir «como se puede imaginar»: pero entonces ¿por qué hay religiones que prometen la vida sempiterna en el más allá y propagandas electorales que prometen (o prometían, como sucedió hace algunos años en una campaña electoral italiana) ciento veinte años en el más acá? Simplemente porque, como ocurre a menudo, no se toman en consideración las contraindicaciones que tendría una vida tan larguísima, que la comedia de Čapek representa en cambio de una manera tan viva.

El inconveniente, según Bernard Williams, un acreditado filósofo británico, es el tedio infinito de una vida más o menos igual y siempre previsible[12]. Logra expresar este argumento con especial claridad porque su propio ensayo es pasablemente aburrido, lo cual lo vuelve aun más convincente si bien menos atractivo que otro caso análogo (que podemos encontrar en tebeos o dibujos

12. Williams, B.: *Problemas del yo*, Instituto de Investigaciones Filosóficas, UNAM, México, 2013.

animados), en el que Jorgito, Juanito y Jaimito se ven obligados a repetir el día de Navidad una y otra vez, con la consiguiente sensación de saciedad, aburrimiento e intolerabilidad que se deriva de esa repetición.

No creo que el argumento de Williams y de Jorgito, Jaimito y Juanito sea invencible, porque hay personas que siempre se aburren y personas que no se aburren jamás –la serotonina pone aquí algo de su parte–, y para alguien como Emilia Marty (o Ellian MacGregor, Eugenia Montez, Elina Makropulos, todos los nombres que empiezan con EM y que había usado durante su larga vida), aburrida de la vida eterna, hay siempre un Doctor Fausto dispuesto a estrechar un pacto que, en tanto que norma contractual, la llevará no a la vida eterna sino a la condena eterna, o un *Professor* Nietzsche que, como remedio a una noche con dolor de muelas, propone el eterno retorno de todas las cosas, incluyendo el propio dolor de muelas.

La contraindicación de una vida larguísima no es de tipo psicológico sino social. Una vida de ciento veinte años o más para toda la humanidad es insostenible ecológica y económicamente; la inmortalidad para los más ricos es una injusticia manifiesta. Pero supongamos que, como en el caso Makropulos, algún filtro mágico estrictamente individual le permitiera a un individuo, sin que los demás lo supieran, vivir todo lo que quisiera y con una edad aparente a su elección. Podemos estar seguros de que no se aburriría sino, más bien, se vería preso de un estrés insoportable, porque, en efecto, lo que en verdad vale de toda su formación, que corresponde, pongamos, a los primeros cuarenta años de vida, se volvería cada vez más una obsoleta reencarnación tras reencarnación.

¿Cómo pretender que una mujer nacida en Creta en el siglo XVI llegue a usar un Uber? Ya sería mucho si se hubiese logrado acostumbrar a los coches, pero seguramente no habría aprendido a conducir (con cuarenta años es difícil, e imposible si estos cuarenta años se cumplen tres siglos antes de la invención del motor de combustión interna). Pero, sobre todo, ¿cómo pretender que esa mujer admire a Danton como el héroe de la revolución si lo conoció en persona y vio que tenía los dientes podridos? Y, ante la objeción de un admirador: «Los dientes de Danton no estaban podridos. No puede demostrarlo. Y, aun si lo hubiesen estado, ¿qué más da? Es irrelevante». EM responde: «No es irrelevante. Es desagradable». «Si así fuera, no habría nada grande en toda la historia». «No lo hay». «¿Perdón?». «No ha habido nunca nada grande en toda la historia. Yo lo sé». Por esto es por lo que hay muchas razones por las que, vivir en el corazón de alguien, sobrevivir como un fantasma, es preferible a vivir demasiado tiempo en la propia casa.

Nadie es grande a ojos del propio ayudante de cámara, se decía en los tiempos en los que aún existían esas figuras, es decir, en el mundo de *Lo que queda del día*. Y, en el otro extremo de las relaciones sociales, nadie es grande a los ojos de un hijo adolescente que ha decidido que eres o bien una nulidad por despreciar, o bien (como dirá Sartre al comienzo de *Las palabras*) un cuerpo enorme que lo va a aplastar, motivo por el cual Sartre sostiene que el haber sido un huérfano precoz fue, después de todo, una suerte[13]. Nadie es verdaderamente bello cuando es observado demasiado de cerca, nadie es verdaderamente inteligente cuando pasas toda la vida junto a él. Y, obviamente, nadie, aunque fuera Danton, es grande a los ojos de quien lo ha conocido de verdad. Además del aburrimiento, la vida sempiterna presenta, entonces, la desventaja no menor de empequeñecer todas las cosas y transformarlas en nimiedades. Hará falta, como veremos, toda la locura visionaria de Nietzsche, que afirma ser todos los nombres de la historia, para devolverle algún tipo de grandeza a un pasado que, cuando es observado de cerca, no consigue acceder a monumentalidad alguna.

Después de la vida ¿qué?

Una vez que hemos descartado la resurrección fuerte, la clásica, esa que atañe al cuerpo y todo lo demás, una vez que hemos reconocido los límites de la débil, compuesta de huellas y de sombras vagas, y una vez que hemos conocido las contraindicaciones del sempiterno, queda, con todo, la pregunta, que no tiene por qué plantearse

13. Sartre, J. P.: *Las palabras*, Losada, Buenos Aires, 2002.

con la consternación de Iván Ilich. «¿Qué después de la vida? Otra vida, / se entiende, inesperada, tenue, igual, / temblor que no se para, herida / que no se cierra pero igual no duele»[14]: son los versos de Giovanni Raboni, escritos no muchos años antes de su muerte, y que tan bien expresan la vaga esperanza en la supervivencia que todos acarreamos, entre las convicciones no analizadas que pueblan la antesala de nuestro cerebro y junto al oscuro convencimiento de ser inmortales y de que la muerte afecta solo a los otros.

En esta esperanza hay algo absoluto y ligeramente paradójico, porque se pone en juego no una genérica supervivencia del alma, que sigue existiendo tras el final del cuerpo (algo ya de por sí difícil de concebir), sino el retorno en vida del alma y del cuerpo juntos. Pablo, en la primera *Carta a los Corintios*, proclama: «¡Si no hay resurrección de los muertos, tampoco Cristo ha resucitado! Pero si Cristo no ha resucitado, vana es entonces nuestra predicación y vana es también vuestra fe». Pero si Pablo pudo enunciar con tanta vehemencia la certeza de la resurrección de Cristo, así como la inminencia del fin de los tiempos, al mismo tiempo pecó de ingenuidad, exactamente igual que la amante judía del joven Talleyrand, que (tal y como comentó, al parecer, una señora) se hizo cristiana al saber que Dios se había hecho hombre. No se estaba enfrentando, en definitiva, a un

14. Traducción al castellano por Juan Carlos Reche, en www. giovanniraboni.it/espanol/.

porvenir que habría durado mucho más de lo que podría creer.

¿Existe algún modo para atenuar una muerte segura, y quizás hacerla incluso esperable o por lo menos no tan terrible como le puede parecer a un niño desconcertado que, con cuatro años, comprende que llegará el día en el que no solo sus padres, abuelos, hermanos, sino también él mismo, dejará de ser? He conocido ese pánico y desde entonces no me ha abandonado, solo que ha tomado otras formas, más complejas, tal vez más sofisticadas y hasta socarronas. Sea como sea, nos queda el hecho de que nosotros, como organismos, no somos eternos, porque, dicho de forma banal, ningún organismo lo es. Algo, sin embargo, permanece, es decir, sobrevive, y no es el organismo sino el mecanismo.

Recordemos a Champollion y el fragmento de papiro que tenía entre las manos. De entre todas las tecnologías, la escritura reviste un rol eminente desde hace milenios, porque permite archivar el pasado (esta era su función originaria, que no era la de la telecomunicación sino la del registro, inicialmente de deudas y créditos), y que, más tarde, evolucionando, se ha transformado en un instrumento para contar historias, verdaderas, falsas o fingidas. Junto al lenguaje –el cual es también una tecnología que debe ser aprendida mediante un ejercicio comparable al que es necesario para asumir la posición erecta–, también la escritura constituye un instrumento fundamental para aprender a vivir, ya que posee la fuerza de idealizar la palabra al volverla iterable y llevarla más allá de su contexto originario, transfiriéndola a un futuro al cual nosotros no podremos acceder. Con ello se emprende un proceso de capitalización de otro modo inconcebible y que ha alcanzado, en la era de los datos, su punto más alto y ubicuo; y es un proceso, tenedlo en cuenta, que no ha hecho más que empezar.

Una despedida ejemplar

Cambiamos de escenario pero permanecemos en la región de la supervivencia y de la cooperación entre alma y autómata con fines de supervivencia. Se trata de un singular elogio fúnebre. «Jacques, mi padre [yo estaba ahí, y, si lo comparáis con el texto, que se puede encontrar con facilidad online, si sois buenos descifrando la escritura elegante y barroca de Derrida, «mi padre» no estaba, lo añadió él, Pierre, el hijo, en voz alta], no quiso ni ritual ni oración. Sabe por experiencia qué prueba supone para el amigo que se hace cargo. Me pide que os agradezca haber venido, que os bendiga, os ruega que no estéis tristes, que no penséis más que en los numerosos momentos dichosos que le habéis dado la posibilidad de compartir con él. «Sonreídme» dice, «como yo os habré sonreído hasta el final. Preferid la vida y afirmad sin descanso la sobrevida... Os amo y os sonrío desde donde quiera que esté»[15].

15. En: «El Proyecto Derrida: materialismos, inmortalidad y deconstrucción», *Revista Rizoma. Jacques Derrida. Una tarjeta postal a 25 años: críti-*

Quien profiere esas palabras, primero parafraseándolas, y luego, en la conclusión, citándolas –quien lee las palabras que fueron escritas por el moribundo, nótese bien, entre comillas, para que quedara claro que todo lo que se leía era una cita literal– es, justamente, Pierre, el hijo mayor de Jacques Derrida. Es el 12 de octubre de 2004, estamos en el cementerio de Ris-Orangis, en la periferia parisina en donde el difunto tenía una casa. Pierre tenía en aquella época cuarenta y un años, era literato, escritor y profesor: tengo que usar el imperfecto porque ha muerto prematuramente en agosto de 2023. Quien las escribió, sin embargo, fue Derrida padre, casi quitándole la palabra, o por lo menos la iniciativa, al hijo.

Por lo demás, ¿no insistió Derrida, en *La farmacia de Platón*, que en el *Fedro* Sócrates sostiene que si el texto no es asistido por su autor no es más que un pobre huérfano?[16]. Justo como Pierre era huérfano en la lectura de aquellas pocas líneas que le había dejado su padre, quien, aun así, con un acto de fidelidad a la vida de la que estaba perdidamente enamorado, se reservó para sí la última palabra incluso tras la muerte. Reprodujo, en definitiva, la escena que encontramos en *La verdad sobre el caso del señor Valdemar* de Allan Poe, que en 1967 había colocado como exergo a *La voz y el fenómeno*. En

---

ca, justicia y responsabilidad*, Valparaíso, 2021, p. 84, traducción al castellano de Diego Pérez Pezoa.
16. Derrida, J.: «La farmacia de Platón», en *La diseminación*, Fundamentos, Madrid, 2015.

ese relato, como sabemos, Valdemar hace hablar a un muerto, es decir, transforma, durante un brevísimo instante, un alma en un autómata: «Sí... no... *Estuve* durmiendo... y ahora... ahora... *estoy muerto*»[17].

En cuanto a Derrida, no podemos decir que no se hubiese preparado, como por lo demás lo demuestra, más allá de toda duda razonable, este mensaje en la botella con el que dijo adiós al mundo. Dos meses antes de morir, en agosto, más o menos en los días en los que, como veremos, no renunciará a decir la última palabra, a dar una última conferencia, dejó una hermosísima entrevista en *Le Monde,* luego publicada en un pequeño volumen, *Apprendre à vivre enfin,* en la que abordaba la paradoja del aprender a vivir con la que nos hemos confrontado al comienzo. Y sostenía que no, que no se puede aprender a vivir.

Hacía falta un gran valor, una gran sinceridad, para un filósofo que erróneamente fue considerado como un sofista y un fumista: ¿qué le habría costado dárselas de sabio estoico, indiferente hacia la muerte? Total, le quedaba poco de vida y no iba a cambiar nada. En cambio, dijo: «no, nunca he aprendido a vivir. ¡Pero ahora, en absoluto! Aprender a vivir debería significar aprender a morir, a tener en cuenta, para aceptarla, la mortalidad absoluta (sin salutación, ni resurrección, ni redención) –ni para uno mismo ni para el otro. Después de Platón

---

17. «La verdad sobre el caso del señor Valdemar», en Poe, E. A. *Cuentos I,* Alianza, Madrid, 1977, p. 124, traducción de Julio Cortázar.

se trata de la gran inyunción filosófica: filosofar es aprender a morir»[18].

Derrida era un profesional en temas de supervivencia por medio de las letras tras haber pasado la vida entera reflexionando sobre ese milagro tecnológico según el cual, si alguien por algún casual se topara dentro de diez mil años con estas líneas, obtendría un poco de la que fue mi vida. Pero solo un poco, es más, poquísimo. Claro, todo lo que es técnico posee algo milagroso, aunque no lo *bastante* milagroso ya que, antes de morir, Derrida le confió a su amigo Jean-Luc Nancy que prefería la resurrección clásica, con carne y todo. La supervivencia, la resurrección débil o debilísima, es el plan B. Un remedio y un expediente, porque cuando el alma se apaga lo hace para siempre, tras haber legislado durante toda la vida (urgencias, necesidades, deseos, voluntades y des-voluntades). Mientras que, por su parte, el autómata –ya sea un trozo de papel, legible por otra persona, o un mensaje grabado, como las últimas llamadas de quienes que se arrojaron desde las Torres Gemelas, o el piloto que dice «Mayday, Mayday, Mayday» mientras el avión desaparece del radar– puede seguir repitiendo indefinidamente.

---

18. «Entrevista a Jacques Derrida. "Estoy en guerra contra mí mismo"», en Oñate y Zubía, T. y Royo Hernández, S. *Ética de las verdades hoy: homenaje a Gianni Vattimo*, UNED, Madrid, 2006, p. 337, traducción de S. Royo Hernández.

Solo sobreviven los significados

Si es cierto que nos estamos internando cada vez más en la era de la técnica, o si, sería más correcto decir, no salimos de ella –dado que la técnica es tan antigua como el humano y nace con él, definiéndolo como tal– entonces podríamos afirmar, de manera un poco hiperbólica, que hemos entrado en la era de la supervivencia y que el porvenir le está reservado a los fantasmas. El crecimiento exponencial de los sistemas de grabación característico de los últimos años es, también, si lo pensamos por un momento, una fantasmagoría, una enorme reunión de, precisamente, fantasmas, los cuales no son esos viejos artefactos con cadenas y sábanas sino huellas cada vez más numerosas que dejamos de nosotros mismos. He aquí la gran novedad que aporta lo digital, que hace de la grabación una práctica omnipresente y omnipotente.

Así es como una procesión de imágenes, palabras y escrituras rellena el espacio de la web, asegurándoles una supervivencia, a menudo no programada, no pensada y puede que ni siquiera deseada, a los miles de personas que lo abarrotan. Desde luego, no tiene nada que ver con la resurrección, y supongo que sobrevivir bajo la forma de un vídeo de Youtube parece una recompensa bastante modesta, casi una tomadura de pelo o un modismo, pero no es del todo así, por lo menos por tres motivos.

En primer lugar, lo que sobrevive es un significado, no un agregado de partículas. Siempre me ha parecido ilusoria la creencia según la cual, si nada se crea, nada se destruye y todo se transforma, ninguna destrucción es real y reina la transformación. Saber que en el yogur que me estoy comiendo en este momento podría haber átomos de mi madre no me ofrece consuelo, ni para mí ni para ella, y por eso prefiero no pensar en ello. Mi madre era mi madre también por los átomos que la componían, pero sobre todo por la forma que habían asumido como organismo y como existencia histórica. Una vez que ambos han desaparecido, el hecho de que en mi desayuno vuelvan a presentarse partículas de mi madre me parece que es testimonio de un proceso de reciclaje antes que de una circulación universal de la vida.

En segundo lugar, sobrevivir como un fantasma es mucho mejor que sobrevivir en carne y hueso. No entiendo qué puede haber de atractivo en el hecho de vivir ciento veinte años en un mundo ya minado por la sobrepoblación y el envejecimiento, y por los problemas económicos, sociales y climáticos que se derivan de ello. No me atrevo a imaginar qué ocurriría si viviéramos mil doscientos años, por no decir doce mil o ciento veinte mil. Hace ciento veinte mil años los humanos vivían en las cavernas, eran antropófagos, analfabetos e, imagino, maleducados, es decir, tal y como nosotros les pareceríamos, además sin posibilidad ya de cambiar a causa de la muy avanzada edad, a nuestros contemporáneos del año 12224 si viviéramos hasta esa fecha. Humanoides impresentables o, en el mejor de los casos, animales de compañía. ¿Es esto lo que queremos?

Las más de las veces, cuando declaramos que queremos «envejecer mejor», ni nosotros mismos sabemos qué queremos decir con ello. Por un lado, existe la legítima esperanza de que los últimos años de nuestra vida no se vean afligidos por dolores, por enfermedades incapacitantes o simplemente humillantes. Pero en realidad, detrás de esta aspiración racional hay otra, irracional y fortísima, que acompaña a la humanidad desde sus orígenes: la esperanza de otra vida. Esta aspiración, que hace tiempo, cuando la gente solía morir muy joven, se traducía en la fe en la vida después de la muerte, hoy en cambio, ante la evidencia del impresionante aumento de la esperanza de vida, se transforma en la aspiración a una existencia aumentada.

Lo cual es extremadamente comprensible, pero no tiene en cuenta el hecho de que, por larga que pueda ser una vida, de todas formas seguirá pareciendo demasiado breve respecto a la insaciable voluntad de vivir que habita incluso en los más deprimidos y quejumbrosos representantes de nuestra especie. Personalmente creo que la ética científica debe centrarse en los casos, tan frecuentes, de enfermedades dolorosas y degradantes, evitando el ensañamiento terapéutico, y debe centrarse en las curas paliativas y en los modos de garantizar la dignidad y la humanidad a la hora de morir, obviamente con el consentimiento preventivo del paciente. Me doy cuenta de que esto contravendría el juramento de Hipócrates, «No suministraré a nadie, ni siquiera si me lo pide, un fármaco mortal», pero no olvidemos que es un texto que tiene dos mil quinientos años.

En cuanto a la prolongación de la vida humana, no creo que pueda constituir un proyecto serio de investigación o un auténtico imperativo ético. Así, por lo demás, ha sido hasta hoy: el aumento de la esperanza de vida no ha sido el resultado de un proyecto deliberado, sino la consecuencia de progresos no solo científicos sino también sociales que, reduciendo la mortalidad infantil y volviendo curable lo que antes era incurable, han obtenido, como efecto colateral, la prolongación de la duración media de la vida. Pero merece la pena observar que raras veces son los médicos quienes prometen una vida larguísima: las más de las veces lo hacen quienes en otra época habrían sido definidos como «charlatanes», los mismos que sugieren que desean ser congelados a la espera de que en el futuro se descubran las terapias adecuadas a nuestro mal. Con toda seguridad, no hay una sola empresa farmacéutica en todo el mundo que evitaría la tentación de patentar y comercializar un elixir para alargar la vida. Hay que decir, no obstante, que este elixir puede ser descubierto solo por un mistificador, ya que –como he dicho más veces– el carácter distintivo de los organismos, su diferencia respecto a los mecanismos, es el hecho de tener un final, próximo o lejano.

Por fin, si la supervivencia se refiere a un significado, es una supervivencia selectiva, es decir, hay que merecerla. No a todos les está permitido vivir en el corazón de nuestros descencientes, así como no a todos, por desgracia, les está permitido vivir en una casa. Pero si vivir en una casa es un derecho, y entonces dormir en la calle es una injusticia, del mismo modo para suscitar recuerdos póstumos es necesario haber hecho algo notable, bueno o malo. Tenemos aquí, entonces, una forma de paraíso laico y, sobre todo, sin dogmas, en tanto que son nuestros sucesores quienes tendrán el poder de elección. Todo permanece en la web, decíamos cuando hablábamos de la «resurrección débil», pero no todo lo merece. En algunos casos, sin embargo, la supervivencia fantasmática en YouTube es perfectamente merecida y es casi una bendición para el espectador.

Piénsese en los conciertos de Leonard Cohen de viejo. Si bien fuera un gran consumidor de Zoloft, de Prozac y de otros productos no de síntesis, Leonard Cohen parecía triste, pero no podemos decir que lo fuera de verdad. Lo dijo él también: «Tengo una voz monótona y un poco quejumbrosa, por lo que mis canciones se suelen definir como tristes, pero se pueden cantar también en tono alegre. Si mis piezas suenan lastimeras cuando canto, es solo por razones biológicas». Una amiga mía mexicana pero de familia siria sefardita, hoy una reconocida estudiosa de la tradición judía, se lo encontró hace medio siglo en Hydra, en Grecia, isla en la que tenía una casa y que había sido el escenario de su historia de amor con Marianne Ihlen, sobre la que volveremos más adelante.

Él le preguntó si lo había reconocido (no, no lo había reconocido) y luego, tras presentarse, si se sentía halagada de haber conocido al Kafka de la música pop. Él estaba comprándose un traje completo, y también esto, además de ser un Ladie's *Man*, era una de las características de su estilo, probablemente derivada de la profesión de la familia, que tenían grandes almacenes de moda en Montréal en los que intentó trabajar durante algún tiempo. Son los trajes completos que lleva en la mayor parte de las imágenes que nos han quedado de él, en tendencia opuesta al look de los cantantes pop, así como muy clásico y formalmente respetuoso es el estilo de sus novelas, de sus versos y de sus canciones. En este sentido, tiene algo en común con William Burroughs, también él heredero de una gran familia y maldito, pero solo en superficie. Burroughs es mortífero, así como el Kafka de la música pop es vital, hasta el final, es más, al final más que al principio. Lo es en los conciertos de sus giras mundiales, habiendo superado los ochenta años, con sus trajes completos, su Fedora, los komboloi entre los dedos, Hattie y Charlie «the sublime Webb Sisters», como las solía presentar, en último lugar, tras todos los demás músicos al final del concierto. Y todo este milagro de vida y supervivencia tenía una razón prosaica: su administradora se lo había robado todo, lo había dejado en la calle, obligándole entonces a volver a hacer giras.

Según lo que podemos ver –y es difícil que las apariencias puedan engañar tanto y tanto tiempo– en los conciertos en Londres y en Viena, en Sidney y en Florencia, por lo menos mientras dura la actuación, tiene pinta de ser perfectamente feliz, tanto cuanto puede serlo un humano que se olvida de sí mismo para ponerse a hacer algo que conmueve a miles de personas. Muchas de esas personas (y es un dato estadísticamente infalible, si tenemos en cuenta la cantidad de ciudades que visitó durante aquellas largas series de conciertos) están hoy muertas, otras se encuentran luchando contra enfermedades o contra problemas financieros; y, lo más importante, las que no hayan muerto aún, morirán. No es que sea este un gran descubrimiento; no creo estar violando un secreto industrial con esta afirmación. Y, siempre por insistir en lo fundamental, también Cohen murió hace ya años. Y, aun así, sus canciones están aquí, ahora, también con su voz (este es el gran mérito de la grabación, mientras que nunca sabremos qué voz podría haber tenido Homero) y con sus trajes, sus gestos y sus lugares. Todo ello con una evidencia espectral que tiene el aroma de la eternidad.

«Todo le llega a quien sabe esperar», parece que le dijo Goethe a Eckermann en una ocasión[19]. «Hallelujah», publicado en 1984, fue la única obra de Cohen que llegó a lo más alto de las listas, pero solo tras su muerte, en 2016. Y su canción más bella, la escribió poco antes de morir, con ochenta y dos años: «Si tú repartes las cartas / Yo estoy fuera del juego / Si eres el curandero / Entonces estoy roto y lisiado / Si tuya es la gloria / Entonces mía debe ser la vergüenza / Lo quieres más oscuro / Apagamos la llama / Magnificado, santificado / Sea tu nombre santo / Denigra-

---

19. Parece más fiable atribuirle una frase similar a esta, antes que a Goethe, a Tolstói en *Guerra y Paz*: «Me hicieron, por la guerra y por la paz, tantos reproche... pero todo llegó a su hora. Todo llega cuando tiene que llegar para quien sabe esperar». *(N. del T.)*.

do, crucificado / En la forma humana / Un millón de velas encendidas / Por la ayuda que no llegó»[20].

Desde luego, la muerte es un maestro, y no solo canadiense, como Cohen, o alemán, como en los bellísimos versos de *Todesfuge* de Celan: «Negra leche del alba te bebemos de noche / te bebemos a mediodía la muerte es un Maestro Alemán / te bebemos de tarde y mañana bebemos y bebemos / la muerte es un Maestro Alemán su ojo es azul / él te alcanza con bala de plomo su blanco eres tú / vive un hombre en la casa tu pelo de oro Margarete / azuza sus mastines a nosotros nos regala una fosa en el aire / juega con las serpientes y sueña la muerte es un Maestro Alemán / tu pelo de oro Margarete / tu pelo de ceniza Sulamit»[21].

La contraprueba de esto –si pasamos ahora a otro *Ladies' Man*– es que en la vastísima y muy notable producción de D'Annunzio, los versos que me parecen más bellos son los últimos, los que escribió a lápiz, tres años antes de morir, en las páginas en blanco de un libro de viajes francés. «Aquí yacen mis perros / los inútiles de mis perros / estúpidos e impúdicos, / nuevos siempre y antiguos, / fieles e infieles / al Ocio su señor, / no a mí, hombre insignificante. / Roen bajo tierra / en la oscuridad sin fin / roen los huesos, sus / huesos / vaciados de la médula / y yo podría hacer con ellos / la fístula de Pan / como de siete cañas / yo podría sin cera y sin lino / hacer con ellos

20. El autor de se refiere a «You Want it Darker», del álbum homónimo publicado en 2016. *(N. del E.)*
21. Celan, P.: «Negra noche del alba», en *Obras completas*, Trotta, Madrid, 2002, p. 64.

la flauta de Pan / si Pan es el todo y / si la muerte es el todo. / Todo hombre en la cuna / chupa y babea su dedo, / todo hombre enterrado / es el perro de su nada».

Supervivir, o sobre la incapacidad de vivir

Cambiamos ahora completamente de registro. Hasta ahora, las estrategias de supervivencia han sido modos más o menos logrados de negociar lo insuperable de la finitud humana con un interlocutor inflexible. Existe, con todo, una última estratagema, completamente antitética, que no me veo capaz de aconsejársela a nadie porque es pura y simplemente la *extrema ratio* de un loco, pero de un loco que ha seducido a millones de lectores.

Querido señor profesor:

A la postre, preferiría mucho más ser profesor en Basilea que Dios; pero no me he atrevido a llevar mi egoísmo privado hasta el punto de omitir por su causa la creación del mundo. Como ve usted, sea cual sea la forma en que se viva, hay que hacer sacrificios. Sin embargo, he hecho que me reserven una pequeña habitación de estudiante, que se encuentra frente al Palazzo Carignano (en el que nací como Vittorio Emanuele), y que permite además escuchar desde su mesa de trabajo la espléndida música de la *Galleria Subalpina*, que interpretan debajo de mí[22].

22. «1256. A Jacob Burckhardt en Basilea», en Nietzsche, F.: *Correspondencia. Junio 1850-Abril 1869*, vol. I, Trotta, Madrid, 2012, pp. 376-377.

Y así sigue, hasta la afirmación capital, la que conven-
ció a Jakob Burckhardt, el destinatario de esta carta de
Nietzsche del 6 de enero de 1889, de que debía acudir a
un amigo común, Franz Overbeck, y advertirle de que
era necesario rescatar en Turín al amigo y colega, quien
evidentemente había enloquecido. Las afirmaciones fa-
tales las encontramos un poco más abajo.
Leemos:

Lo que es desagradable y molesta a mi modestia es que en el
fondo yo soy todos y cada unos de los nombres de la historia; incluso con los hijos que he traído al mundo las cosas
están de tal manera que pondero con un poco de descon-
fianza si no provienen también *de* Dios todos los que van al
«reino de Dios». Este otoño he estado presente en mi en-
tierro dos veces, vestido de la mínima manera posible; primero como *conte* Robilant (no, ese es mi hijo, en cuanto yo
soy Carlo Alberto, mi naturaleza en la parte baja), pero An-
tonelli era yo mismo[23].

Y la Mole Antonelliana, que actualmente alberga el
Museo del Cine, era para Nietzsche el símbolo petrifica-
do de la voluntad de poder. La carta, famosísima y que
de primeras nos hace reír (tanto es así que Breton la in-
cluyó en su *Antología del humor negro*)[24], inmediatamente después genera incomodidad y asombro. ¿Qué

23. Ibíd., p. 377.
24. Breton, A.: Antología *del humor negro*, Anagrama, Barcelona, 1991.

puede querer decir creerse Dios y pensar que se es todos los nombres de la historia, si no el hecho de haberle fallado clamorosamente a la propia vida? ¿Qué otra cosa puede representar una nota como esta salvo el signo de una clamorosa bancarrota? La supervida, la vida del superhombre es, en efecto, una existencia fallida y faltante.

Es precisamente la incapacidad para vivir la que nos empuja a sobrevivir. Esta es la razón obvia que empuja a los adolescentes de todas las épocas (no sé si también a los nuestros, pero puede ser) a apasionarse con la lectura de Nietzsche, incubando tal vez sueños de superhombre, los sueños de una vida plena, de una vida afirmativa, de una vida carente de resentimientos y consagrada a la potencia y al «decir sí a la vida». No es difícil encontrar, en este afán por la afirmatividad y el superhombre, una de las muchas versiones de la «vida verdadera», de la «vida auténtica» con la que nos topamos en el primer capítulo, si bien aquí con una especie de altivez. En la vida-verdadera-vida-auténtica puede haber también añoranzas, melancolías, aspiraciones sensatas, el deseo de mejorar o (estamos a vueltas otra vez con lo mismo, pero es inevitable) de reparar, resanar, remendar... Inversamente, el superhombre es una figura siniestra. Si lo tomamos al pie de la letra, parece el fruto de un experimento de eugenesia, y por desgracia muchos lo entendieron así. Pero si queremos ser más razonables y simpatéticos hacia él, es el éxito de la idea según la cual el hombre es un animal aún no estabilizado, en evolución perenne, lo cual es literalmente cierto, pero entonces bastaría con decir que, en un recorrido indefinido pero no infinito, la humanidad está tratando de encaminarse hacia lo mejor.

Pero sin duda no era esto lo que se proponía Nietzsche cuando fantaseaba con el superhombre, o con la voluntad de poder[25]. El hombre más débil y enfermo del planeta sueña con lo extraordinario, con lo excepcional, con el baile Excelsior de la humanidad. Es necesario reconocer que, en última instancia y sin demasiada caridad hermenéutica, el superhombre por fin realizado se parece más a un supremacista exaltado que al pensador débil, al hombre que opone otras razones a la violencia de la razón, tanto si son las del valor, las del sentimiento o las del diálogo como las de la bondad. Han existido interpretaciones de este tipo, como sabemos, pero nacieron, creo, del intento, animado por las mejores intenciones, de atenuar lo que en Nietzsche había de insoportable, como comparar su elogio a la «fiera rubia» con el privado comedimiento de un pobre hombre amabilísimo, moderado, enfermo, que deambulaba entre la costa de Liguria y la Engadina, buscando asueto para un mal que sin duda es físico pero que antes que nada es espiritual: la soledad.

En un fragmento juvenil Nietzsche escribió que, desde pequeño, él supo que ninguna voz humana lo llegaría realmente a alcanzar, y, en efecto, hay buenas razones para pensar que fue así. La madre, clasificada como poco inteligente por el parte del médico de Basilea que visitó a

25. Nietzsche, F.: *La voluntad de poder*, Edaf, Madrid, 1985.

un Nietzsche ya demente tras la carta a Burckhardt, probablemente fuera anafectiva. Y la hermana era una maniaca del orden y de la idealización, como demuestran las hagiografías que escribió sobre el hermano, como su empalagosa *Vida de Friedrich Nietzsche* en tres volúmenes. El padre, hacia quien sentía gran afinidad, murió como sabemos cuando Nietzsche era niño. Y los pocos amigos que hizo a lo largo de su vida (dejando a un lado el intento, naufragado, del amor, como lo demuestra el tragicómico suceso con Lou Andreas-Salomé) fueron compañeros de colegio y más tarde colegas que poco a poco se alejaron de él, turbados por aquello en lo que se estaba convirtiendo.

En verdad el superhombre, si esta palabra tiene algún sentido, es el humano más solo de la Tierra. E incluso admiradores fieles como Peter Gast (por aquel entonces Heinrich Köselitz, un exalumno de Basilea no especialmente dotado), que transcribió sus manuscritos y a quien Nietzsche consideraba un gran compositor, eran un trozo más de soledad, ya que a Nietzsche no se le escaparía lo socavados que estaban y lo subalternos que eran: contraaltares falsos de un altar desolado y solitario. Aquí es donde tocamos el punto fundamental, que es la cruz del superhombre y, en general, de todos los humanos que lleguen a experimentar la enfermedad de vivir, es decir, la soledad, el hecho de sentirse un punto en la masa sin nombre, un completo desconocido para sí mismo y para los demás.

Previvir

Desde hace ya un buen rato, tal vez demasiado, nos venimos centrando en el final de la vida y en las posibilidades de la supervivencia. Pero la vida no es solo un melancólico motivo de reflexión para los ancianos; y, sobre todo (el mismo término de «infantilismo», asociado a la senilidad, dice mucho al respecto), existen excelentes razones que propician que los ancianos a menudo regresen, con el pensamiento, al tiempo en el que fueron jóvenes, una edad que ahora les parece remota y lo es, y a veces, con razón o sin ella, fabulosa y hechizada por los semblantes engañosos del recuerdo. Pensamos en ella con una añoranza que a menudo no es sincera, que anhela un mundo simple y virgen, aún no sobrepasado por el cúmulo de los recuerdos, aún no incrustado de ellos –o por lo menos así es como la recordamos e idealizamos.

A través de estas remembranzas engañosas retornamos a un mundo que se mantiene completo e inmune respecto al mal –y aquí la memoria falla, porque la juventud puede ser una edad tremenda, con todo por comenzar–; y este es un punto sobre el cual hay un amplio consenso, que se compendia en el dicho de Paul Nizan en *Aden Arabia*: «Tenía veinte años. No permitiré que nadie diga que es la edad más bella de la vida. Todo era una amenaza para el joven: el amor, las ideas, la pérdida de la familia, la entrada entre los adultos. Es duro aprender el propio papel en el mundo»[1].No es necesariamente una edad feliz, ya que en esos años es cuando nos asomamos por primera vez a la búsqueda consciente del aprender a vivir y del modo (prontuario, manual, adhesión a un grupo o a una ideología compartida) que pueda funcionar a tal fin. Las más de las veces sin saberlo, es decir, con un actuar que precede al comprender y que es el motivo por el cual, cuando somos jóvenes, nos alimentamos de narraciones de todo tipo, y las conversaciones nocturnas, de las que hablaré dentro de poco –los cuentos que desde el Paleolítico, o desde quién sabe cuánto antes, forman parte del ajuar del animal humano–, invaden el espacio diurno, lo pueblan y lo animan. Y también aquí, como siempre en el animal humano, la técnica juega un papel predominante, ya que no es solo aquello que duplica la vida natural o lo que la prolonga imaginariamente. El cuento puede ser también la antici-

1. Nizan, P.: *Aden Arabia*, Paradigma, Barcelona, 1991.

pación del porvenir, la preformación de la vida e incluso su deformación.

Es lo que yo defino como «previvir». Se leen libros, se ven películas y se escuchan canciones, nos hacemos adultos sumidos en historias de familia. Todo esto modela nuestro comportamiento futuro. Nos solemos concentrar, y es un lugar común fundado y reconocido, en la tendencia de los hijos a reproducir actitudes y rasgos de carácter (a menudo defectos) de los padres. Pero este es solo uno de los aspectos del problema. Merecería la pena fijar la mirada en otra vertiente, es decir, en la huella que, en la formación de los humanos, dejan los artefactos culturales y en especial las novelas. Cada uno tiene su manual, algunos tienen más de uno, y rara vez alguien se arriesga a afrontar la vida con las manos desnudas. A menudo se trata de un estilo de vida, una ideología o una religión, por lo tanto, se trata de una serie de prácticas. Pero algunas veces también puede ser, simplemente, un libro. Por lo que a mí respecta, fue un autor que hoy en día ya no significa mucho para mí, así lo creo por lo menos, y he llegado a la conclusión de que como escritor ni siquiera es mi tipo, pero tuvo muchísima influencia en mis lecciones de vida.

Este autor no es Nietzsche. Me encontré con Nietzsche en los primeros años de la universidad, pero en ningún momento, ni siquiera en los de mayor exaltación, pensé en seguir sus pasos. La exageración resultaba demasiado evidente, y por muy profundas –incluso más profundas de lo que le pudieran parecer a un estudiante de filosofía en sus primeros años– que pudieran ser muchas de sus páginas, queda el hecho de que el *Zarathustra* me dejó desde el principio un sabor inaguantablemente kitsch, y no se me pasó por la cabeza ni por un instante el propósito de «vivir como» Nietzsche ni, menos aún, practicar algún tipo de forma de supervida como la suya, por escasa y carente de forma que pudiera ser la mía. La experiencia de la identificación, de la imitación, del tratar de aprender a vivir, había tenido lugar mucho antes, con un libro que no era *Así habló Zarathustra* sino *En busca del tiempo perdido*, y el autor no era Nietzsche sino Proust.

Fijaos bien, hay una razón por la cual en estas páginas hablo *contra* Proust y no sobre Proust: porque me parece fútil volver al lugar del delito tras tantos años, y porque, cuando en estos últimos meses he intento volverlo a leer, me ha parecido indigesto. Verdaderamente ya no es mi tipo, por muy importante que haya sido para mí. Las interminables y, demasiado a menudo, insoportables descripciones, más que de la infancia, de la familia, de sus relaciones sociales (conocidos, sirvientes...), desafían la paciencia del lector mejor dispuesto –no solo la de Gide, que, como sabemos, rechazó el manuscrito que le fue propuesto a Gallimard–, y parecen ofrecer un excelente pretexto para cerrar el libro. Hasta este extremo me resultan pesadas y empalagosas. Ahora bien, no es solo una cuestión de juicios literarios. Con el paso de los años Proust ha perdido muchos puntos en la clasificación de mis lecturas preferidas, y no solo porque he dejado de leerlo. Aunque decidir no volver a abrir un libro ya es emitir un juicio sobre él. Proust ya no es mi héroe en ningún sentido. No tiene nada de héroe, nada de modelo a imitar; de alguna manera es incluso un antimodelo, neurótico, huraño, recluido en sí mismo.

El hecho de ser educados por la *Recherche* puede reducirse al aprendizaje mundano de un trepador social, por mucho que sea alguien enfermo y sobre todo amamantado por tantos pretextos y tanta cultura. Un idólatra de ricos y famosos, como Fitzgerald, si bien más exitoso socialmente, pero dispuesto a retroceder varias casillas en el juego de la oca del ascenso social cuando se trata de tomar posición en favor del coronel Dreyfus.

Pero elegir a Proust como educador es también verse inducidos a buscar, en los confusos pliegues del presente, los signos de una vocación futura por la que tantas veces nos desesperamos y que, cuando hemos dejado de esperarla, se hace presente con signos inequívocos. Y la educación es mucho más que volverse mundano, es decir, adaptado al mundo; es, de acuerdo esta vez con Kant, el cumplimiento de la misión del humano. En efecto, es verdad que del tronco torcido de la humanidad no podrá nunca obtenerse nada perfectamente recto, pero también es verdad que el animal humano es el único que puede ser educado, lo cual no significa ser «amaestrado» para poder hacer algo que un humano por lo general no haría, sino volverse cada día más humano.

Prefigurar la vida a través de la literatura

De un modo u otro, con toda seguridad he aprendido a vivir con Proust, y no creo haber sido el único que ha sufrido este espejismo. Basta con decir que en Cabourg, el Grand Hôtel en el que Proust ocupaba la habitación 414, se ha convertido en el Grand Hôtel Cabourg-Balbec, y la inventiva del dueño de un hostal ha creado una falsa Raspelière, una pequeña residencia que pretende evocar la villa que los Cambremer alquilaban a los Verdurin. Cabourg está a dos pasos de Ouistreham, es decir, Sword, que, junto a Juno, Gold, Omaha y Utah, es, conforme a otro tipo de metamorfosis, una de las playas del Desembarco de Normandía. Que un libro haya podido generar una metamorfosis como la lograda por los estrategas de la Nueva Armada de Eisenhower, queda como un singular título de vanagloria para la literatura. Pero esta transfiguración del nombre (ocurre lo mismo en Illiers, lugar de la infancia de Proust, hoy Illiers/Combray) es poca cosa comparada al efecto que un libro puede ejercer sobre la vida de las personas.

O por lo menos sobre la mía, la única de la que puedo hablar con relativo conocimiento de causa. Todo comenzó cuando, en las vacaciones entre la escuela media y el liceo[2], con espíritu agonístico me dediqué a la lectura integral de la *Recherche*. En aquellos tiempos, en Italia, el colegio terminaba a principios de junio y volvía a

2. Entre los 14 y los 15 años. *(N. del T.)*

empezar a primeros de octubre. Cuatro meses infinitos se extendían ante mí y ante todos los colegiales de Italia. Calculé que, al ritmo de cien páginas al día, habría tenido el tiempo necesario. Y en efecto, lo tuve. Si el filósofo Thomas Nagel pudo dar curso a un experimento mental sobre qué se siente siendo un murciélago, yo, a mi modesta manera, con catorce años me ejercité tratando de entender qué se siente siendo un adulto, o incluso un viejo decrépito[3].

En fin, sentí el soplo de un viento que me empujaba hacia atrás, como le ocurre al ángel de la historia del que habla Benjamin[4]; por momentos me hizo creer que poseía más recuerdos que si hubiera tenido mil años; e incluso me hice un poco la idea de qué se siente tras haber leído todos los libros, a pesar de que el libro que estaba leyendo no era sino una de las primeras lecturas de adulto que yo emprendía. No vacilaría en definir aquella lectura como antediluviana, en el sentido de que entre el yo de hoy y el de entonces se interpone un verdadero diluvio de acontecimientos que no podía prever porque no estaban escritos en aquel libro, y porque nuestra imaginación siempre es inferior a la realidad.

3. Nagel, T.: «¿Qué se siente ser un murciélago?», en *Ensayos sobre la vida humana*, Fondo de Cultura Económica, México, 2000.
4. En verdad, el *angelus novus* de la famosísima imagen de Walter Benjamin («Sobre el concepto de historia», en *Obras I*, 2, Abada, Madrid, 2008, p. 130) es, como el cuadro de Paul Klee en el que se inspira, empujado por el viento del progreso *hacia delante*, hacia el futuro, mientras mantiene su rostro vuelto hacia atrás, viendo crecer las ruinas de lo que ha sido a medida que se aleja de ellas. En el «Epílogo» de este mismo libro el autor mencionará el cuadro de Klee y lo describirá de forma más precisa. *(N. del T.).*

A veces me parece en verdad volver a ver aquella marea que hoy ya ha retrocedido, como lo hiciera del arca encallada en lo alto del monte Ararat. Todos aquellos sucesos, a la fuerza, son posteriores respecto a los experimentados por Proust, que murió cuando mi padre tenía un año. Queda, sin embargo, el hecho de que hay un término para poderlos comparar: he tenido veinte, treinta, cuarenta o cincuenta años, igual que los tuvo Proust, pero ahora he alcanzado una edad que el *petit* Marcel nunca conoció. He aquí que, tras haberme enseñado qué es el tiempo perdido y cómo a veces retorna, desde hace algunos años Proust me ha impartido, sin saberlo, la última lección, póstuma por así decir, imposible de imaginar cuando empecé a leerlo y que él mismo no pudo experimentar: la levedad (siempre frágil, siempre a punto de ceder) de la vejez.

Pero regresemos a los orígenes. La lectura no terminó en octubre de 1970. Entre 1970 y 1980, y sobre todo en la primera parte de esa década, releí siete veces la *Recherche*. Transcurrieron de ese modo una docena de años de lecturas y relecturas a las que siguió un lustro de escrituras: clases, artículos, la edición de algunos *cahiers* preparatorios de la *Recherche*, para culminar y concluir, en otoño de 1986, con un curso sobre Proust en Trieste, donde desde hacía un par de años daba yo clases de estética. Recuerdo aquel curso como una semicatástrofe, porque, tras algunas sesiones, me di cuenta de la imposibilidad de hablarles de un libro que yo había leído siete veces a unos estudiantes que no lo habían leído ni una sola vez, y que seguramente no habrían tenido tiempo para hacerlo a lo largo del curso por no disponer de aquel largo verano mío de tantos años atrás.

Aún hoy me pregunto cómo pude tener una idea tan disparatada. En cualquier caso, el pescado estaba vendido, y juntándolo con mis apuntes y mezclándolo con algunos ensayos que había escrito en años anteriores, publiqué un libro sobre Proust. Lo hice con el espíritu de quien concluye una práctica para no volver a pensar en ella nunca más. Como veis, no ha sido así; ese expediente sigue abierto. Pero lo que es seguro es que, desde 1987 hasta mi caída en Matera, no había vuelto a abrir la *Recherche* debido a una saciedad comprensible y, sobre todo, porque no me parecía que estuviese volviendo a leer a Proust sino que estaba volviendo a mi yo lector de Proust de aquel entonces. Y he tenido así la oportunidad de poner a prueba el asunto general de Proust, a saber, que un libro es como un par de gafas concebido para leer en nosotros mismos y para decir que sí, que es exactamente, así como funciona la vida.

Cuando terminó la iteración obsesiva de mis lecturas yo tenía treinta y un años, hoy tengo sesenta y ocho, lo cual significa que durante más de la mitad de mi vida no he vuelto a leer la *Recherche*, mientras que durante más de la primera mitad de mi vida no hice mucho más salvo leerla y volverla a leer. ¿Significa esto que he aprendido a vivir *bien* –lo poco que he aprendido– también gracias a Proust? No podría saberlo. ¿Y hay margen para concluir que, tal vez, como en el título de Alain de Botton, Proust me ha salvado la vida?[5]. Lo dudo, es más, podría incluso haberla puesto en peligro, si hago caso a la opinión de mi dermatólogo, que ha detectado en la piel de mi espalda los traumas causados por aquellas lecturas junto a la orilla del mar de hace más de medio siglo.

Pero, exactamente, ¿qué es lo que he aprendido? Desde luego, cuando mi vida parecía estar a miles de millas de distancia de esas páginas, yo leía el mundo a través de la lente de lo inhumano de Oriane, la encantadora y hechizada (a ojos del Narrador) duquesa de Guermantes, y de su marido, que ante la noticia de la muerte de un familiar responde «siempre se exagera» para no tener que perderse una fiesta de disfraces; o bien de las metamorfosis de Saint-Loup, que muere en la guerra con tal de no regresar junto a la mujer. O bien simplemente algunos gags, por ejemplo, cuando el Granduque Vladimir ríe como un cosaco viendo cómo una señora es golpeada por el agua de una fuente. O cuando la Reina de Nápoles ofrece su brazo a Charlus, que se tambalea como un boxeador sonado porque ha sido insultado por su amante Charlie Morel, y le dice que ese mismo brazo tuvo a raya a la plebe (concretamente a las tropas asediantes piamontesas) en Gaeta.

Esa *Summa Societatis* que es la *Recherche*, a partir de un determinado momento en adelante, desencadenó en mí, así como, imagino, en muchos otros lectores, un mecanismo mimético, asegurándome un previvir, una vi-

---

5. De Botton, A.: *Cómo cambiar tu vida con Proust*, RBA Libros, Barcelona, 2013.

sión anticipada de la vida que, con el pasar de los años, se convirtió en la vida misma. Ocurre con la lectura como con el juego: los niños juegan imitando a los adultos, pero llega un momento en el que ya no son niños y lo que hacen ya no es un juego sino la vida. Y no creo que esta vida que emerge de los libros sea menos auténtica que cualquier otra, porque a menudo lo que creemos que es más profundo y originario en nosotros es la imitación de algo o de alguien, páginas leídas, películas, cuentos que hemos escuchado o, simplemente, gestos que nos han impactado, ya sea el impacto literal del padre violento que genera, tal vez, al asesino en serie; ya sea el impacto metafórico de la imagen imborrable, de la acción indudable, del dicho memorable, que si bien pueden generar también a un asesino en serie, es de esperar que no sea así, o que incluso generen algo mejor.

La clave de aprender a vivir con un libro no son las promesas y su corolario, «satisfechas o reembolsadas», que es inaplicable a la vida, sino, más bien, podríamos decir, las premisas: el hecho de que, al anticipar el futuro, la obra dibuja, sin que nos demos cuenta, el cauce por el cual fluirán nuestros días y ejecutaremos nuestras elecciones. Así, como en una profecía autocumplida, nos empezamos a comportar como los héroes de nuestras novelas. Piénsese en las palabras que Proust escribe en un pasaje de la descripción de la *matinée* Guermantes con la que concluye la obra y en la que el Narrador cuenta cómo ha descubierto su vocación. La obra está ya consumada, en el sentido de que Proust ya ha terminado de escribirla, pero el Narrador, en su relato, ha llegado a ese momento en el que se convence de su propia vocación literaria, tomando la decisión de escribir una obra que a la vez está concluida para el lector y por llegar para el Narrador. Y aquí el Narrador descubre que toda su historia, que influirá en tantos lectores, a su vez nació como imitación de otra obra, o, más exactamente, de otra persona presente en la obra:

> Bien pensado, la materia de mi experiencia, que sería la materia de mi libro, procedía de Swann no sólo por todo lo que se refería a él mismo y a Gilberta, sino que fue él quien me dio ya en Combray el deseo de ir a Balbec, a donde, de no ser por esto, no se les habría ocurrido a mis padres la idea de mandarme, y yo no habría conocido a Albertina, ni siquiera a los Guermantes, puesto que mi abuela no habría encontrado a madame de Villeparisis, ni yo habría conocido a Saint-Loup y a monsieur de Charlus, por los cuales conocí a la duquesa de Guermantes y por ésta a su prima, de suerte que mi presencia misma en este momento en casa del príncipe de Guermantes, donde acababa de ocurrírseme de pronto la idea de mi obra (de donde resultaba que debía a Swann no sólo la materia, sino la decisión), procedía también de Swann[6].

Esta es la experiencia de Proust, que obviamente no es sincero –o, mejor, ha caído en el estereotipo de su pro-

6. Proust, M. (2024) *En busca del tiempo perdido III. La prisionera. La fugitiva. El tiempo recobrado*, Alianza, Madrid, p. 783.

pio relato– cuando describe la decisión de escribir su obra como algo tardío e imprevisto, obra que, en su misma concepción y gestación, bajo múltiples formas y redacciones, le acompañó durante gran parte de su vida adulta. Lo que es cierto es que Proust, cuando define así su propia experiencia –y en perfecto acuerdo con la tesis según la cual el objetivo de un libro es hacer que el lector se reconozca en sus páginas–, está describiendo la vida que les ha entregado a sus lectores. Y, sin duda, a uno, a mí. En efecto, a través de aquella relectura obsesiva, la materia de mi propia experiencia la obtuve de la *Recherche* con una mímesis más o menos voluntaria o consciente. Lo cual, al final, significa haber seguido el camino de Swann, como se traduce el *Du côté de chez Swann*, o por seguir la traducción inglesa, haber tomado el *Swann's Way*.

La vida narrada

¿Y si no hubiese leído a Proust? Habría leído alguna otra cosa, habría visto la tele, tal y como hoy se ven vídeos y se escuchan podcasts, o como hace tiempo se escuchaban cuentos alrededor del fuego, como refiere el biólogo Edward O. Wilson en *Los orígenes profundos de las sociedades humanas*:

Respecto al contenido de las charlas de campamento de los primeros *Homo*, empezando en las poblaciones de *habilis*, lo único que podemos hacer es especular. Sin embargo, podemos deducir una idea general de su contenido a partir de las conversaciones que mantienen los grupos de los cazadores-recolectores que quedan en la actualidad. Dada la importancia de estas pruebas, resulta sorprendente lo que han tardado en aparecer análisis cuidadosos de estas conversaciones. Las grabaciones realizadas por la antropóloga Polly W. Wiessner de las conversaciones de los Ju/'hoansi (!Kung) del África meridional ponen de manifiesto una importante diferencia entre las que serían «charlas diurnas», centradas en la recolección de alimentos, la distribución de los recursos y otros asuntos económicos, y las «charlas nocturnas», dedicadas principalmente a contar historias, algunas sobre individuos vivos, a veces fascinantes, en cuyo caso suelen derivar fácilmente en cantos, bailes y conversaciones religiosas. De noche, el grueso de la conversación, más o menos el 40 %, consistía en historias y otro 40 % se dedicaba a hablar de mitos. Durante el día, solo unas pocas trataban de historias y ninguna sobre mitos[7].

Tenemos aquí una desmentida del mito romántico y viquiano de que, al principio, también la economía era poética[8]. No es así, y, si quisiéramos, podríamos sostener que la distribución de nuestras actividades no es tan diferente de la de los cazadores-recolectores. Durante el día hay cosas que hacer, pero luego llega la hora del ape-

7. Wilson, E. O.: *Génesis. El origen de las sociedades*, Crítica, Barcelona, 2020.
8. Vico, G.: *Ciencia nueva*, Tecnos, Madrid, 2006.

ritivo y de charlar, o la *contra-hora* de las vacaciones en lugares cálidos. Y luego están los vídeos, las películas, las historias de las que nos alimentamos. En un principio, estas historias son un nutrimento, un entretenimiento, un divertimento. Más tarde, con una especie de retroversión, el humano que cuenta una historia se convierte en el humano sobre el que habla esa historia: exactamente como el Narrador de la *Recherche*, que cree que le debe su vida entera a Swann. Un humano cuenta una historia, luego una historia cuenta una historia, luego una historia cuenta a un humano.

¿Qué es aquello de lo que hablamos? De los muertos, del pasado, y, sobre todo, de la experiencia. Hay un nexo que desde siempre conecta el aprender a vivir con la experiencia, ante todo como experiencia que va a ser contada (*Vivir para contarla*, es el título de la autobiografía de García Márquez), y que encuentra su ejemplo fundamental en la experiencia del viaje[9]. Así, en *Erfahrung*, «experiencia» en alemán, se transparenta el verbo *Fahren*, viajar, irse lejos, como en el inglés *far away*, en el *far west* y en todos los desplazamientos exóticos y desubicantes con los que solemos describir aquellas experiencias que nos cambian de verdad, es decir, para retomar la sentencia de Oscar Wilde, los errores.

Es precisamente este nexo fundamental con una experiencia no cualquiera el que distingue al «viaje» como tema esencial de la literatura, ya sea el de Ulises a través del Mediterráneo, el de Leopold Bloom por las calles de

9. García Márquez, G.: *Vivir para contarla*, Random House, Barcelona, 2002.

Dublín, o uno de los muchos *nòstoi* de donde nace el relato junto a la nostalgia: el «mal de viaje», en griego, el «mal por la ausencia de casa», *Heimweh*, en alemán[10]. En efecto, el viaje, a través de desiertos y selvas, como en las novelas de Sienkiewicz, o descendiendo el curso de un río, como en *Danubio* de Magris, o en un globo aerostático en Verne, en el vacío del espacio infinito como el Major Tom de la canción *Space Oddity* de David Bowie, en el Hades pagano o en el Más Allá cristiano, en el fin de la noche, como en Céline, o, incluso, más allá de las Columnas de Hércules o de las Puertas de la percepción, como en Huxley, constituye –lo calculo a ojo, a falta de estadísticas– por lo menos un cuarto, si no un tercio, de todos los cuentos que los humanos han publicado[11]. Y esta proporción se vuelve a encontrar en la misma proporción, creo, también en todas las «conversaciones nocturnas» que llenan nuestras vidas. Volvamos a Proust.

Días de relecturas

Volvamos, es decir, a aquellos días de relectura de hace tantos años. La patología en mi relación con la *Recher-*

10. Joyce, J.: *Ulises*, Alianza, Madrid, 2022.
11. Sienkiewicz, H.: *A través del desierto y de la selva*, Anaya, Madrid, 1994; Magris, C.: *Danubio*, Anagrama, Barcelona, 2019; Verne, J.: *La vuelta al mundo en ochenta días*, Alianza, Madrid, 2011; Céline, L. F.: *Viaje al fin de la noche*, Edhasa, Barcelona, 2011; Huxley, A.: *Las puertas de la percepción; Cielo e infierno*, Edhasa, Barcelona, 2006.

che es evidente porque, si bien no hay nada de malo en leerla una vez, o puede que dos, en cambio siete veces en sucesión forzada es verdaderamente demasiado. Queda el hecho, no obstante, de que el fenómeno de la relectura acompaña con bastante regularidad al de la lectura, o, más exactamente, es una parte constitutiva del mismo.

Aunque parezca extraño, –escribe Nabokov en el *Curso de literatura europea*– los libros no se deben *leer*: se deben re-leer. Un buen lector, un lector de primera, un lector activo y creador, es un «relector». Y os diré por qué. Cuando leemos un libro por primera vez, la operación de mover laboriosamente los ojos de izquierda a derecha, línea tras línea, página tras página, actividad que supone un complicado trabajo físico con el libro, el proceso mismo de averiguar en el espacio y en el tiempo de qué trata, todo esto se interpone entre nosotros y la apreciación artística. Cuando miramos un cuadro, no movemos los ojos de manera especial; ni siquiera cuando, como en el caso del libro, el cuadro contiene ciertos elementos de profundidad y desarrollo. El factor tiempo no interviene realmente en un primer contacto con el cuadro. Al leer un libro, en cambio, necesitamos tiempo para familiarizarnos con él. No poseemos ningún órgano físico (como los ojos respecto a la pintura) que abarque el conjunto entero y pueda apreciar luego los detalles. Pero en una segunda, o tercera, o cuarta lectura, nos comportamos con respecto al libro, en cierto modo, de la misma manera que ante un cuadro. Sin embargo, no debemos confundir el ojo físico, esa prodigiosa obra maestra de la evolución, con la mente, consecución más prodigiosa aún. Un libro, sea el que sea –ya se trate de una obra literaria o de una obra científica (la línea divisoria entre una y otra no es tan clara como generalmente se cree)–, un libro, digo, atrae en primer lugar a la mente. La mente, el cerebro, el coronamiento del espinazo, es, o debe ser, el único instrumento que debemos utilizar al enfrentarnos con un libro[12].

Y tras tanto leer y releer, mi retorno a Proust es un *experimentum in corpore vili*, al comparar lo que he llegado a conocer de la vida con aquello que había imaginado de adolescente cuando estaba leyendo la *Recherche*. Mi plurilectura fue una alienación textual: si queréis perderos de verdad en lo virtual, el lugar que recomendaría de manera más convincente para ello son las páginas de un libro porque, frente a la web, en él tenemos la experiencia de libros completos que sostenemos entre las manos mientras hojeamos una página tras otra, y no esa confusión onírica de páginas por las que navegamos sin rumbo. No hay nada de raro, o de original, en unas jornadas de relectura como complemento, a menudo indispensable, de toda verdadera lectura: los molestos movimientos sacádicos que hacen que nuestro ojo brinque de derecha a izquierda, de arriba a abajo, atenúan, en una primera lectura, un mayor goce del texto, que se ve comprometido, por otra parte, por la curiosidad de saber cómo terminará.

12. Nabokov, V.: *Curso de literatura europea*, Bruguera, Barcelona, 1983.

Son mucho mejores las jornadas de relectura. En esos días, de los cuales guardo aún un recuerdo muy vivo, Proust entró en mí o, si queréis, se convirtió en un fantasma del hogar, casi llegando al extremo de una suerte de Odradek que deambula por los meandros de mi memoria. Es decir, en un momento de mi vida en el que ya me estoy olvidando de nombres de amigos cuyos rostros se desvanecen en el recuerdo, hay pasajes, nombres y hechos de la *Recherche* que han quedado impresos en mí con la misma fuerza que un recuerdo de juventud, solo que aquella no fue mi juventud. Yo he cambiado respecto a aquel libro y a aquel hombre. Cuando lo leía de adolescente, el elemento que me parecía más fantástico y exótico era el espesor temporal. A día de hoy, he tenido tantas veces la experiencia del *bal de têtes*, el hecho de volver a ver, a distancia de auténticos abismos temporales, a las mismas personas, deformadas o transustanciadas por el tiempo, que ya no veo nada raro en experiencias como la de la *matinée* Germantes. Si bien siempre resulta muy impresionante ver el paso del tiempo en los rostros, y sobre todo en los ojos, de personas a las que conocimos hace décadas.

Pero hay algo más. Tal y como recordaba más arriba, los años que tengo superan por un buen trecho los años que pudo conocer Proust: murió a una edad en la que hoy nos considerados aún jóvenes, cincuenta y un años; no tuvo ninguna de esas experiencias que confieren la patriarcalidad, no tuvo hijos, por ejemplo, y por esta razón se quedó como (obviamente, para los cánones de una sociedad antigua) «el pequeño Marcel», una especie de joven pariente, de primo aún inmaduro. Y como ya he dicho, pasé la primera mitad de mi vida leyendo a Proust y la segunda, ahora ya más cuantiosa, sin leerlo e intentado aprender a vivir. Es un juego doble, entre beneficios, pérdidas, ausencias y suplementos, en el que aquel pariente anómalo no ha dejado de entrometerse. Porque siempre repetimos la cita «sobre hombros de gigantes», el dicho de Bernardo de Chartres que enuncia las ventajas de los modernos sobre los antiguos, en quienes pueden apoyarse; pero es indudablemente peor tener un gigante sobre los hombros, mucho más engorroso que un «monito» que «se te sube por la espalda», como decía una vieja traducción de *Yonqui* de Burroughs[13].

La estrategia de Sheherezade

Mucho tiempo antes de que yo releyera la *Recherche*, su autor la reescribió, y de hecho no hizo otra cosa, más o menos desde 1908, cuando comienza el proyecto de un antepasado de la *Recherche*, el *Contre Saint-Beuve*, hasta 1922, el año de su muerte, cuando los últimos tres volúmenes estaban ya listos pero aún no impresos. Y no tenemos ni idea de en lo que se habrían convertido si Proust hubiese podido volver a manipular los bocetos,

---

13. «Old monkey climbing up on your back». Burroughs, W.: *Yonqui*, Anagrama, Barcelona, 2019.

dada su costumbre de añadir desarrollos y correcciones, digresiones y reflexiones; tanto es así que poseemos una carta de Proust a su editor de entonces, Grasset, en la que caballerosamente reclama el derecho a pagar un extra por todo el trabajo suplementario al que estaba sometiendo a los compositores tipográficos.

Tenemos aquí el *topos* más clásico de Proust, su escena primordial, la de la habitación forrada de corcho, saturada de sahumerios, con la fiel sirvienta Céleste Albaret pegando los *paperolles*, las tiritas de papel con las que, como en el faraón de Champollion, se pretende entregar lo que queda del alma a un autómata destinado a sobrevivirle[14]. Por su parte, el Narrador, que las fabrica tumbado en la cama y pringando las sábanas, se ha reducido a ser una mano que escribe. ¿Qué es lo que nos quiere decir con esta imagen? El hombre del Boulevard Haussmann no deja de ser un hombre. Todos los caminos se están cerrando para él. Pero en todos esos caminos, tanto sobre las piedras de Venecia como sobre el adoquinado del Palacio Guermantes, tanto en los *blocages* de Normandía como en el trastero de Combray, tanto en Rivebelle como en el Ritz, a pie, en coche o en avión, ha invertido sus días, como haría cualquier otro, buscando el placer. Porque masturbarse o beber champán es un placer, así como es un placer oler el espino blanco, ver cómo duerme Albertine, ser recibidos por los Guermantes, o ver publicado, de una vez por todas, su artículo en *Le Figaro*.

14. Albaret, C.: *Monsieur Proust*, Capitán Swing, Madrid, 2013.

En la búsqueda de todos esos placeres, en esa pérdida de tiempo ininterrumpida, es guiado por su propia alma; o, mejor, es el alma la que muestra su perfil en cada uno de los momentos en los que el cuerpo se dirige hacia algo que satisfaga sus necesidades. ¿Es, en verdad, tiempo perdido el que pasamos secundando las pasiones del alma, es decir, del cuerpo? La pregunta, bien vista, es extraña, porque el hecho de que haya tiempo y de que tenga sentido para nosotros, por lo menos si escuchamos a san Agustín, Bergson y Heidegger, depende del hecho de que haya un cuerpo, sus necesidades y sus urgencias, dictadas por la certidumbre del final. Por lo tanto, si hay cuerpo, hay tiempo perdido, pero si no hubiera cuerpo no habría tiempo. En definitiva, en cualquier caso, es una situación de pérdida.

El hombre del Boulevard Haussmann tiene un plan –es decir, justamente, una estrategia de supervivencia que ilustra, de una manera inmejorable, los expedientes del sobrevivir– que persigue, en su forma más completa, desde hace años. Si el alma sufre las vicisitudes que hemos descrito, ¿por qué no acudir a un expediente técnico, es decir, asociar al alma los recursos del autómata? Como hemos visto, esto es lo bueno de la escritura, que sigue viviendo la vida vicaria de los autómatas también después de que el alma que movía la mano dejó de existir. Cuanto más pasa el tiempo, más se acumula la escritura, y lo que se pierde por un lado se recupera por el otro.

La estrategia de Sheherezade consistía en contar para seguir viviendo, en contar para no morir. La del hombre del Boulevard Haussmann consiste en cambio en escribir para sobrevivir, es decir, para suplir, con los recursos del autómata, las insuficiencias del alma. Es lo que hacemos todos, y no necesariamente por hallarnos al borde de la muerte, es más, la mayor parte de las veces lo hacemos por necesidades mínimas: las almas tienden a olvidar sus promesas, es mejor poner por escrito las propias obligaciones recíprocas; las almas son imprecisas y se fatigan, los autómatas las subrogan hasta casi volverlas inútiles salvo como fuente de necesidades. Pero el hombre del Boulevard Haussmann tiene más recursos, también porque no ha hecho nada más en su vida, y elabora una estrategia más compleja.

Pensemos en la flecha del tiempo que, desde el día del nacimiento, nos conduce a la hora de la muerte. Esta flecha es, por definición, irreversible en lo que tiene que ver con las vidas individuales. El hombre del Boulevard Haussmann no podrá renacer, y ni siquiera regresar a la infancia, si no es por medio de fulminantes visitas relámpago dictadas por las intermitencias del corazón; no podrá lograr que Albertine regrese ni hacer resurgir a la abuela ni a la madre; no podrá corregir las propias acciones, ni convertirse de algún modo en un hombre laborioso.

Su padre lo vio perfectamente –con el ojo clínico de ese gran médico que era– la tarde en Combray en la que permitió que la madre fuera a consolarlo cuando Swann había ido a cenar: fue la primera de una serie de rendiciones de las que el hombre del Boulevard Haussmann no se recuperaría jamás. Y es por esto por lo que, en el salón Guermantes, juzga con crueldad a los hombres inteligentes (sí, hombres, estamos a principios del siglo xx, y el hombre del Boulevard Haussmann es, cuando menos, misógino) que han sacrificado su trabajo y sus talentos en el altar de la mundanidad, considerándolo más importante y gratificante, y que en realidad lo que han hecho ha sido condenarse a sí mismos.

Con todo, si el alma no puede invertir la flecha del tiempo, el autómata sí que puede. Desde hace ya varios años, el hombre del Boulevard Haussmann se ejercita en la escritura. Al principio son *pastiches* en donde pone a prueba un talento caricatural, páginas de prosa lírica convencionales y mucha correspondencia con familiares y amigos. Estos tres elementos los volvemos a encontrar mejor amalgamados, si bien no de manera perfecta, en la *Recherche*, con un proceso de refinamiento que lleva, del *Jean Santeuil* (que es la adolescencia, mucho más que la infancia, de la *Recherche*) al *Contre Saint Beuve* y luego a la obra principal, después de la muerte de la madre-abuela (habría mucho que pensar aquí acerca de esta sustitución, así como sobre el hecho de que el padre sea transformado en un mediocre diplomático, o que el hermano y futuro editor de su obra desaparezca de la novela).

Como hemos visto y como sabemos, la escritura tiene la característica –providencial o catastrófica, según la circunstancia– de mantener con vida el sentido incluso tras la muerte del alma que lo formuló. Característica, decía, que es propia de todos los autómatas, incluso de los más modestos, ya sea el dinero, los relojes o los bastones, que nos sobreviven, antes que como objetos (según la versión que nos ofrece una famosa poesía de Borges, *Las cosas*)[15], como portadores de significados, en especial de valores de uso: el dinero sirve para pagar incluso si su propietario ha muerto, y los relojes para dar la hora, a quien sea, con soberana indiferencia en lo referente a su alma.

Entre estos autómatas puede haber otros más solemnes, como los que componen el mundo del espíritu, la historia, la ciencia, la filosofía, así como ese territorio que, al no ser capaces de captar en él una fisionomía concreta, hemos convenido en llamar «literatura». Sin duda, todos, o casi todos, tenemos conocimiento del hecho de que raras veces se escribe un libro sabiendo de cabo a rabo a dónde se quiere llegar (desconfiad siempre de quien os diga «lo tengo todo en la cabeza, me hace falta solo encontrar el tiempo para escribirlo»). También somos dolorosamente conscientes, como autores o como lectores, de que los libros no siempre mantienen su promesa de sentido, revelándose como un revoltijo de ideas o de trozos de relatos que se mantienen juntos por la pura veleidad de contar, por un *Kunstwollen*, una voluntad de hacer arte, un amor no correspondido por la creación. Nos queda el hecho de que el ideal de un libro consiste en tener una cabeza, una cola y un cuerpo, es

15. Borges, J. L.: «Las cosas», en *Obras completas*, Emecé, Buenos Aires, 1974, p. 992

decir, en representar una totalidad orgánica en la que cada una de las partes tiene sentido solo en tanto que responde a un diseño global. Un diseño que se ve animado por un fin, por un deseo de significar.

Premorir

Admitamos que, efectivamente, el arte pueda, en alguna medida, enseñar a vivir. Ahora bien ¿en este previvir está incluido también el premorir, la anticipación no solo de la vida, sino de esa su parte culminante que es la muerte y que le da sentido a todo? La respuesta no es fácil, porque mientras una autobiografía está al alcance de todos, una autotanatografía, la anticipación fiel de la propia muerte, se encuentra siempre en los límites del azar. Es la reconstrucción por parte de un viviente de los pensamientos y sentimientos de un moribundo. A veces puede ser una descripción de primera mano, como en el caso del *Instant de ma mort* de Blanchot, donde nos narra de cuando corrió el peligro de ser fusilado por unos alemanes que, sin embargo, formaban parte de la armada Vlasov, que en aquel momento se disponía ya a negociar (y lo hará, pero sin fortuna) con los Aliados después del desembarco en Normandía y que por eso le concedieron la gracia[16]. Y está también la experiencia del fusilamiento fingido de Dostoyevski y de quién sabe cuántos más.

16. Blanchot, M.: *El instante de mi muerte. La locura de la luz*, Tecnos, Madrid, 2004.

Ya he hablado de la muerte de Iván Ilich y de Andrej Bolkonskij, muy similares entre sí a pesar de la diferencia de los personajes; no solo porque, como hemos visto, en ambos casos nos asomamos, en primera o en tercera persona, a la pregunta sobre dónde acabamos después de la muerte, sino también porque en el uno, ya maduro, así como en el otro, en la plenitud de su juventud, la proximidad de la muerte se asocia, de manera disfórica en el primero, y casi eufórica y dichosa en el segundo, al recuerdo de la infancia: «y junto con el recuerdo de ese sabor surgían en serie otros recuerdos de ese tiempo: la niñera, el hermano, los juguetes» (Ilich)[17]; «Todos los mejores momentos de su vida, los más felices, particularmente la infancia más lejana, cuando le desnudaban y le metían en la cama y la vieja criada le cantaba mientras le balanceaba, cuando, con la cabeza escondida entre almohadas, se sentía feliz con la sola conciencia de la vida. Todos aquellos instantes se le presentaban en su imaginación no como el pasado, sino como la realidad presente» (Bolkonsky).[18] En ambos casos, con todo, Tolstói se pone de parte del moribundo, lleva a cabo un ejercicio de imaginación y de identificación en el que nos invita a participar, a pesar de que sobre la muerte sepa lo mismo que cualquiera, es decir, nada, justamente como no puede con sinceridad saber nada acerca de lo que en verdad pensaría Anna Karenina, de haber existido, al arrojarse a la vía del tren.

17. Tolstói, L. (2016), *La muerte de Iván Ilich*, cit., p. 104.
18. Tolstói, L. *Guerra y paz*, cap. 21 de la sexta parte.

En cuanto a Proust, la situación es peculiar, porque la única descripción de una muerte que hay en la novela es la exacta prefiguración de lo que le acabaría sucediendo, un poco más tarde, al Narrador. Porque en la *Recherche* está la muerte de Bergotte, el prototipo del escritor, quien visita una famosa exposición de pintura, se sienta en contemplación ante la *Vista de Delft* de Vermeer, estima con tristeza que sus propias últimas obras son fallidas («Así debiera haber escrito yo –se decía–. Mis últimos libros son demasiado secos, tendría que haberles dado varias capas de color, que mi frase fuera preciosa por ella misma, como ese pequeño panel amarillo»[19]), se encuentra mal, piensa que puede deberse a las patatas que comió la tarde anterior, pero no es solo eso, no es eso en absoluto: cae al suelo y muere mientras acuden los visitantes y los vigilantes. Merece la pena considerar que la descripción de esta muerte es algo más que una fantasía, porque, de hecho, casi un año antes de morir, en 1921, Proust fue a una exposición de pintores holandeses en el Jeu de Paume, tras haberle escrito a un amigo crítico de arte, Jean-Louis Vaudoyer, pidiéndole que le acompañara. El deseo fue satisfecho, y esta visita tendrá en Proust una gran influencia, ya que, además de sugerirle la forma de la muerte de Bergotte, puso, por así decir, la premisa material para la muerte del Narrador.

El discurso sobre el premorir nos vuelve a llevar a la cuestión del aprender a vivir. Sin duda, como dije en el

---

19. Proust, M.: *En busca del tiempo perdido III*, cit., p. 158.

primer capítulo, algo aprendemos a lo largo de los años, por ejemplo, los buenos modales en la mesa o a dominar las emociones, al menos un poco, pero hay filósofos que ponen el listón demasiado alto. Aprender a vivir, es decir, filosofar, como dice el título de un precoz y casi inaugural ensayo de Montaigne, es aprender a morir[20]. Los caminos de este aprendizaje, sin embargo, pueden ser declinados de muchas maneras. La primera, a la que en seguida recurre Montaigne, es la de demostrar que la muerte es la cosa más natural del mundo, en tanto que empezamos a morir desde el primer día de nuestra vida. A este tipo de sabiduría es al que se refiere Heidegger cuando, al introducir el ser para la muerte, cita una frase tomada de un libro del s. xv de Johannes von Tepl, *Der Ackermann aus Böhmen*: «El hombre, nada más nacer, ya es lo suficientemente viejo para morir»[21]. Pero en este punto Heidegger se desvía de Montaigne y del estoicismo y articula, a su manera, el célebre (sobre todo por su ineficacia) argumento epicúreo, es decir, que la muerte, este acontecimiento doméstico y tan natural, no nos llegará nunca, dado que o somos nosotros o es ella.

Conforme a esta consideración, Heidegger hilvana una compleja requisitoria contra esa experiencia falaz de la muerte que es el luto. Si bien sea algo de lo más natural, el luto sería un comportamiento íntimamente hipócrita porque, observando la muerte de los demás, solo

20. «Filosofar es prepararse a morir», en Montaigne, *Op. cit.*, Cap. XIX.
21. Von Tepl, J.: *El campesino de Bohemia y otros textos*, Gredos, Madrid, 1999, traducción de F. M. Mariño.

fingimos tener una experiencia en primera persona de la muerte, cuando se trata, evidentemente, de una experiencia en tercera persona: lo demuestra el hecho de que decimos que sufrimos, si es que lo hacemos, mientras que el muerto no experimenta ya ningún sentimiento. Heidegger sugiere además que, al conformarse con la contemplación de la muerte de los otros, los humanos no hacen sino reforzar la íntima convicción de su inmortalidad: «morimos», pero este morir afecta a todo el mundo menos a ellos. En definitiva, a través del luto los humanos no solo fingen mirar la propia muerte, ya que se trata de la muerte de otro, sino que vuelven imposible todo discurso acerca de la muerte, precisamente porque o somos nosotros, tal vez simplemente concentrados en un trabajo del luto quién sabe cómo de sincero, o es la muerte, de la que, por lo tanto, nunca tendremos una experiencia auténtica.

Puede ser. Pero no neguemos que, si bien la vida y la muerte son dos gemelas inseparables, ya que la segunda define los caracteres fundamentales de la primera, subordinar la experiencia del aprender a vivir a la del aprender a morir es un gesto hiperbólico. Se aprende a vivir con mucho menos, o, por lo menos, se puede intentar. Si, en definitiva, en 1954, en *¿Qué significa pensar?*, Heidegger afirma que aún no hemos empezado a pensar, y se trata del problema más grande de nuestro tiempo, en 1927, en *Ser y tiempo*, sostiene que aún no hemos empezado a vivir, y que para muchos, para los más, esta experiencia nunca tendrá lugar[22]. Después de todo, es esto lo que Heidegger sugiere con su crítica de la existencia inauténtica como contraria a la auténtica.

Podríamos, aun así, rebatir a Heidegger con un argumento incluso demasiado obvio: saber con certeza que estamos destinados a la muerte es algo que precisamente depende de la experiencia de la muerte ajena; por lo tanto, el luto reviste de una indudable importancia en el camino del aprender a morir, es decir, del aprender a vivir. Este es, justamente, el camino que toma Montaigne, quien afirma abiertamente lo irracional que es apartar la vista de la muerte, la cual es un destino infalible que nos está reservado a todos; y añade que a él, por su parte, nunca dejarán de interesarle los particulares de la muerte, de unos o de otros, pasados o presentes, de lo que hayan podido decir o hacer, de cómo pudo ocurrir el asunto.

Podríamos seguir tratando estos asuntos hasta la muerte; pero el punto verdaderamente esencial es que, tal vez, no está dicho que aprender a vivir requiera un aprendizaje preliminar del morir, ni que sea una consecuencia lógica. Yo, personalmente, no lo creo en lo más mínimo. Se puede aprender a vivir, mucho o poco, y si lo hacemos es porque estamos vivos. Y si la literatura y los cuentos pueden ayudar a aprender cómo morir, quien tenga el gusto podría, como Montaigne, emplear de forma más útil la cultura para aprender a vivir. Lo

---

22. Heidegger, M.: *¿Qué significa pensar?*, Trotta, Madrid, 2005.

cual, dicho sea de paso, constituye el sentido único y último de la cultura tecnohumanista, cuya esperanza y promesa, cuya razón de ser fundamental, se encuentran precisamente aquí: en tratar de ayudar a los humanos a aprender a vivir, por difícil y paradójico que esto pueda parecer.

El milagro que le es impedido al alma

Volvamos a Proust y a la escena madre, y rebauticemos la flecha del tiempo –la que posee un significado porque es irreversible, porque posee un final– como «flecha del alma». El 18 de noviembre de 1922, en el número 102 del Boulevard Haussmann, la flecha se detiene o, más exactamente, da en el blanco. Podemos ahora afirmar con seguridad que era ahí a donde desde el principio quería llegar: ese es el fin, no podía ser de otra manera. Desde lo alto de esta certidumbre, el hombre del Boulevard Haussmann dispara una flecha en dirección contraria.

No él en persona –está demasiado débil, se está muriendo–, sino su obra. Esta catedral es un autómata, en el sentido de que posee una existencia espectral, nos habla de la vida del hombre del Boulevard Haussmann desde el punto de vista de que ha dejado de existir. Pero el autómata realiza el milagro que le es impedido al alma, el milagro de reflexionar sobre su sentido, el de darle la vuelta, el de lanzarlo hacia atrás con una flecha que vuela en dirección contraria, por lo que, desde el rincón en el que se ha instalado, y cuando ya no le queda más tiempo para hacer nada más, el hombre del Boulevard Haussmann logra recuperar todo el tiempo perdido que, depositado en una obra, se transforma en tiempo reencontrado, no por él, que ya no puede saber nada más al respecto, sino por nosotros que la leemos.

(Es gracioso pensar que, como he leído en alguna parte, Proust habría ido, para agonizar, al bar del Ritz. Me parece una actitud más del tipo de Fitzgerald. Siendo fieles a la biografía de Painter, Proust le ordenó a un criado que le recogiera una cerveza de barril del bar de la esquina. Desde el 102 de Boulevard Haussmann a Place Vendôme hay dieciséis minutos a pie, la cerveza, a pesar de que fuera noviembre, habría llegado, si no templada, por lo menos sin gas, más de media hora después de haber sido encargada. Y suerte que murió en casa; si hubiera estado en el hotel, la primera preocupación de la dirección, como en tantos cuentos de Simenon, habría sido la de sacar el cadáver con discreción para evitar el escándalo. Y, en el momento de morir, como le ocurriría a media humanidad, tuvo una sensación de incompletitud, por lo menos subjetiva: de ahí la cerveza. Sí, por mucho que sea previsto o predecible, en cualquier caso, el final te coge por la espalda y por sorpresa, exactamente igual que el comienzo. El nacimiento y la muerte son circunstancias que no saben de horarios y no respetan las conveniencias, precisamente porque representan la irrupción brutal de la primera naturaleza en el sistema regulado por leyes, fines y automatismos que constituyen la segunda naturaleza).

Llegados a este punto, en el momento en el que «la mano que escribe» ha colocado la palabra «fin» al fondo de la obra –consiguiendo, con un estrecho margen, evitar que la accidentalidad del alma dejara incompleto al autómata, recogiendo todos los pedazos de la catedral y cerrando el círculo de una narración inmensa que empieza con el adverbio «Longtemps» y se cierra con el nombre común transformado en nombre propio «Temps»– el Narrador puede considerarse satisfecho. Le comunica su felicidad a Céleste («esta noche ha ocurrido una cosa maravillosa, he terminado mi libro»), y, así, experimenta una impresión de plenitud.

En retrospectiva, queda una consideración por hacer. Por mucho que haya podido mirar adentro de las profundidades del tiempo, Proust pudo hacerlo solo desde el exterior. Experimentó la enfermedad, pero la experiencia de la vejez fue para él indirecta, en tercera persona. En las mismas páginas conclusivas de la novela, cuando está escrutando el abismo del pasado, solo lo puede hacerlo viéndolo en los demás, no en sí mismo.

Acababa de comprender por qué el duque de Guermantes, que, mirándole sentado en una silla, me impresionó por lo poco que había envejecido, aunque tenía debajo de sus pies tantos años más que yo, al levantarse e intentar mantenerse en pie vaciló sobre unas piernas temblonas como las de esos viejos arzobispos sobre los cuales lo único sólido es la cruz de metal y hacia los que se precipitan unos seminaristas grandullones, y avanzó, no sin temblar como una hoja, sobre la cima poco practicable de ochenta y tres años, como si los hombres fueran encaramados en unos zancos vivos que crecen continuamente, que a veces llegan a ser más altos que campanarios, que acaban por hacerles la marcha difícil y peligrosa y de los que de pronto se derrumban[23].

Este arcano, el de la vejez vivida en primera persona, que –vuelvo a decirlo– le quedó impedido a Proust, es accesible para mí y para millones de otros humanos gracias a una media de vida que cada vez se hace más larga. Y en esto, solo en esto, claro está, puedo decir que he vivido más que Proust: no en el sentido, obvio, de haber alcanzado una edad más avanzada; sino en el sentido más fundamental, por lo menos a mis ojos, de haber previvido de joven gracias a Proust y luego, gracias a la buena suerte, de haber sobrevivido hasta este momento, de haber vivido una vida que ha llegado más lejos de la que le tocó a él. Esta vida suplementaria o supernumeraria, estas «ulteriores rajas en un plato agrietado», obviamente se ha embebido, como cualquier otra vida, de lo dulce y de lo amargo, pero constituye un excedente que añade una pieza más a mi previvir, que mientras tanto se ha transformado en postvivir. Tras haber anticipado un pasado que no era mío a través de la *Recherche*, estoy viviendo, al contrario que Proust, la vejez, con sus melan-

23. Proust, M.: *En busca del tiempo perdido III*, cit., p. 896.

colías pero también con su ligereza. Una ligereza que a veces puede volverse penosa pero que, en los momentos bonitos, es de todo menos insostenible y de todo menos irracional. Porque un error de juventud puede perseguirte durante décadas, pero después de muchos años todo resulta más ligero; la orilla es tan corta que parece que baste con dar un paso para salvarla. En definitiva, «me importáis un bledo», como dijo Emilio de Bono, quadrumviro fascista de setenta y ocho años, ante el pelotón de ejecución en Verona el 11 de enero de 1944.

Convivir

Aquí estamos, en la última parada de este viaje a través de diferentes edades, recuerdos, anticipaciones y anticipaciones de recuerdos, a través de cosas leídas y cosas vividas. Tenemos el vivir, el sobrevivir, el previvir, ¿y después? ¿Qué es lo que he aprendido en los años que Proust no pudo vivir y con un sentimiento que, tras la caída, se ha vuelto especialmente intenso?

Bueno, Marianne, hemos llegado al momento en el que somos tan viejos que nuestros cuerpos se desmoronan, y creo que muy pronto seguiré tus pasos. Debes saber que estoy tan cerca de ti que, si extiendes la mano, creo que conseguirás tomar la mía. Y sabes que siempre te he amado por tu belleza y tu sabiduría, y no tengo que decir nada más, porque sobre esto ya lo sabes todo. Pero ahora solo quiero desearte un excelente viaje. Adiós, vieja amiga. Amor eterno. Nos veremos al final del camino[1].

Vuelve a aparecer aquí Leonard Cohen escribiendo a Marianne Ihlen, la Marianne de la canción, poco antes de la muerte de ella y de él. ¿Es esto supervivencia? No, es convivencia, la máxima enseñanza a la que podemos aspirar cuando buscamos aprender a vivir.

Esta es la moral de la fábula, que si bien parece edificante, estoy firmemente convencido de que es verdadera. El mejor modo para aprender a vivir es entender cómo convivir, con tantos conflictos como se quiera, pero convivir. Y si no tuviéramos cuentos en común, o alguna forma de cultura compartida, o un saber aceptado; si, en definitiva, no hubiésemos aprendido a vivir ¿cómo podríamos convivir? ¿Qué nos diríamos los unos a los otros? La convivencia entre los animales está garantizada por el *social grooming*, el cuidarse mutuamente, por ejemplo, el despiojarse. Es este un componente que está bien lejos de haber desaparecido en el animal humano, siempre propenso a darse la mano, a besarse y a acariciarse, pero que seguramente recibe un mayor refuerzo desde la escritura, desde el saber, el cuento y la literatura, desde las películas que vemos o desde las canciones que escuchamos, desde el mundo social que nos mantiene unidos no solo en tanto que animales, sino en tanto que animales humanos, y que le

1. Carta incluida en la recopilación de Simon Seabag Montefiore: *Written in History. Letters that changed the World.* W&N, Londres, 2019.

otorga un nuevo significado no digo ya al despiojarse sino a la ternura.

Aprender esto es, probablemente, el primer y último paso del aprender a vivir. Un paso que a veces es dificilísimo. Así como no nacemos aprendidos, del mismo modo no se muere aprendidos, y, sobre todo, aprendidos o no, en cualquier caso morimos. En este sentido, el impulso de escribir se cuenta seguramente entre las estrategias de supervivencia, así como lo son la construcción de monumentos, el tener herederos y, por desgracia, también el invadir Polonia u otras atrocidades, como la descabellada idea de Erostratos, que prendió fuego al templo de Éfeso con tal de legar su nombre, de la forma que fuera, a la historia. Y no es nada raro que la reanudación, la réplica, la supervivencia, el fantasma, sean superiores al original, como el «Take This Waltz», de Leonard Cohen, que en mi opinión es superior al original, «Pequeño vals vienés» de Federico García Lorca. Pero sin la perspectiva de una convivencia es verdaderamente difícil que podamos obtener algo que posea el aroma de la felicidad o, por lo menos, de la serenidad.

Puede ocurrir también lo contrario, puede hacer irrupción la pérdida del sentido del convivir, basta con un defecto de serotonina taponado con el antidepresivo equivocado. Entonces puede ocurrir que te alejes completamente de la forma de vida humana en su versión sentimental y convivial, y observes el mundo del mismo modo que un entomólogo observa el rito de apareamiento de dos insectos: las parejas de los restaurantes te parecerán alienígenas absortos en la ejecución de misteriosos rituales. ¿Por qué se miran? ¿Por qué tratan de gustarse mutuamente? ¿Cuál es el juego subyacente? El naturalista dirá que es el gran expediente de la naturaleza, el filósofo apelará a la astucia de la razón, y el economista, tal vez, encontrará en ello una prueba de la mano invisible del mercado, que llena los restaurantes. Pero a ti, que estás en el restaurante con un libro o un móvil a tu izquierda, no te dice sino esto: son ritos de apareamiento que la serotonina (o, mejor, el intento por regularla) ha vuelto tan fútiles como juegos de niños.

Si te sales de la forma de vida humana, entenderás que tampoco los juegos de los niños son fútiles, si bien nadie asegura que comprender esto esté garantizado. Obviamente, se puede perder el sentido del convivir por muchísimos otros motivos, conectados o no con la eficacia de nuestras triptaminas. Podemos, simplemente, llegados a cierto punto y sin motivo aparente, convertirnos en espectadores de la vida, pensando que se trata de una cuestión que tiene que ver con los demás y no con nosotros. O, sin padecer necesariamente psicosis alguna, convencernos de que la vida es toda ella una puesta en escena, o un sueño soñado por un loco. O, aún, en la medida en que nos persuadimos de que el convivir, en el sentido de convivir afectivamente, no es nada más que la máscara que oculta el temor de que a nadie le importemos nada. Los caminos que conducen al solipsismo o al nihilismo son infinitos y, en ambos casos, se trata de castillos en los que es muy fácil entrar y de los que es muy difícil salir.

Fingimos, imitamos y, por fin, vivimos

Por el contrario, una vez que hemos conseguido entrar en el juego del convivir aparecen la normatividad, el juicio de valor, lo alto y lo bajo, lo bello y lo feo, lo justo y lo injusto, todo un sistema que sería inconcebible para una mónada absoluta sin puertas ni ventanas y, sobre todo, sin espejos que reflejen el universo entero. Y no es chocante que, en la escritura, instrumento del convivir como pocos, haya siempre un fragmento, grande o pequeño, de prescripción, de inyunción, del «hacerlo tal y como» (o, a la inversa, si es un mal ejemplo, del *no hacerlo en absoluto tal y como...*) lo hacen los modelos, positivos o negativos, que hayamos escogido. En mi previvir con la *Recherche*, por ejemplo –pero, a fin de cuentas, podría haber sido cualquier otro libro, o acto–, experimenté ese elemento fundamental que los griegos llamaban «mímesis» y que conectaban estrechamente al arte. La mímesis, la imitación, funciona de la siguiente manera: fingimos, imitamos, y, por fin, vivimos una vida que, tal vez, un poco por lo menos, hemos aprendido a vivir en primera persona. Y en la imitación se insinúa la prescripción. Pensemos en las historias dibujadas en las paredes de unas cavernas que fueron habitadas durante miles de años y transmitidas a lo largo de quién sabe cuántas generaciones: son descripciones de caza y, al mismo tiempo, son prescripciones, enseñan a «hacerlo como», a comportarse como, precisamente porque el humano es un animal mimético que necesita del ejemplo de los demás y que se vuelve lo que es imitando a los demás.

Quiero ilustrar este punto con un ejemplo que aclara la cuestión de la ejemplaridad y de la normatividad. Nos hallamos en la hora más oscura, es decir la más luminosa, del gobierno de Churchill, el periodo que va desde la asunción del «premierato» con la caída de Francia, hasta la entrada en la guerra de los Estados Unidos y el fin del aislamiento británico. Casi veinte meses que hallan una buena expresión en los versos de *A cierta sombra*, 1940, en los que Borges reza por la Inglaterra asediada, invocando la sombra de De Quincey («¿me oyes amigo mío no mirado, me oyes / A través de esas cosas insondables / Que son los mares y la muerte?»[2]). Todos conocemos el discurso pronunciado por Churchill en junio de 1940: «Llegaremos hasta el final, lucharemos en Francia, lucharemos en los mares y océanos, lucharemos con creciente confianza y creciente fuerza en el aire, defenderemos nuestra isla a cualquier coste, lucharemos en las playas, lucharemos en las pistas de aterrizaje, lucharemos en los campos y en las calles, lucharemos sobre las colinas; nunca nos rendiremos»[3].

Y ahora comparémoslo con las palabras de Georges Clemenceau en junio de 1918: «Sí, los alemanes pueden tomar París, pero esto no me impedirá ir a la guerra. Lu-

2. Borges, J. L.: «A cierta sombra», en *Obras completas*, Emecé, Buenos Aires, 1974, p. 991.
3. Churchill, W.: *¡No nos rendiremos jamás! Los mejores discursos de Winston Churchill*, La Esfera de los Libros, Madrid, 2005.

charemos en el Loira, luego en el Garonne, si es necesario, también en los Pirineos. Si al final nos expulsasen de los Pirineos, seguiremos la guerra en el mar y en África, pero en cuanto a firmar la paz, ¡nunca! No cuenten conmigo para eso». Como en Plutarco, la luz en la hora más oscura llega gracias al ejemplo de algo ocurrido y escrito con anterioridad. La huella del pasado se transforma en la marca del futuro, es decir, concretamente, en la del discurso pronunciado por Churchill en la Cámara de los Comunes mientras tenía en mente el mito que tantas veces –junto al champán de Pol Roger, a los brandys, al Chablis, al Clarete y al Burdeos– lo había salvado de la depresión, del perro negro: *le Tigre*, Clemenceau.

Y quién sabe cuántos otros fantasmas pasaron por la mente de aquel hombre el 4 de junio del cuarenta. Puede que, tal vez, escondidos en alguna parte, no solo su trisabuelo Duque de Marlborough, el vencedor de Blenheim, sino también su padre Randolph, a quien tantísimo amaba, y que sin embargo lo trató siempre como a un incapaz, y su madre, aún más amada y recordada, pero lejana e indiferente. Un padre y una madre a los que, como sabemos, el hijo colmó de homenajes literarios, el más emocionante de los cuales puede que sea la apertura del primer discurso en el Congreso de los Estados Unidos el 26 de diciembre de 1941: «No puedo evitar pensar que si mi padre hubiese sido americano y mi madre británica, en vez de lo contrario, habría podido llegar aquí con mis propios medios». Cuánta gratitud, cuánto deseo de compensación y de reconocimiento y, al final, como siempre ocurre en la historia, cuánta casualidad: porque no debemos olvidar que si Pétain hubiese muerto con sesenta y cinco años habría quedado para la historia como el vencedor en Verdun, mientras que si Churchill hubiese muerto con sesenta y cinco años hoy sus libros habrían sido olvidados, y los demás libros solo tendrían sobre él algunas pocas líneas que lo asociarían para siempre a la empresa fallida de Gallipoli durante la Primera Guerra Mundial.

El ejemplo de los otros

Pero volvamos al tema de la prescripción y a su intrínseca conexión con la imitación y la convivencia. No hay nada de malo en seguir algunos ejemplos a lo largo de la vida, y estoy seguro de que, hechas las excepciones que dependen del gusto literario que separa a culturas tan distantes en el tiempo, la condena platónica a los poetas no se habría extendido a los *Sepulcros* de Foscolo[4]. Porque Platón no la emprende contra el fingimiento, sino contra el mal ejemplo. Y lo que propone como alternativa al mal ejemplo no es la verdad, sino el buen ejemplo que brinda un buen fingimiento. Los poetas están ya fuera de juego como educadores en Grecia, y no mucho más tarde la filología helenística tendrá que esforzarse

4. Foscolo, U.: *Últimas cartas de Jacopo Ortis. Los sepulcros*, Planeta, Barcelona, 1984.

para justificar, con interpretaciones alegóricas o históricas, lo que en primer lugar resulta moralmente inaceptable de los poemas homéricos.

Con todo, Platón es plenamente consciente del hecho de que la educación no comienza con la verdad sino con la fábula. También es muy consciente de la proximidad, subrayada por Jaeger en *Paideia*, entre educación y crianza, entre *paideia* y *trophè*, que en griego son casi sinónimos, la educación como la forma específica de crianza del animal humano[5]. Así es en Esquilo y en Nietzsche: y no resulta sorprendente que el autor de *El nacimiento de la tragedia* le dedicara sus últimas reflexiones filosóficas al nexo entre la educación y la crianza, entre *Zucht* y *Züchtung*[6]. En otros términos, la preocupación de Platón es solo de manera muy tenue de tipo epistemológico, y es, en cambio, principalmente tecnológica y teleológica: ¿cómo de bueno es el fingimiento y cómo de bueno es el ejemplo que podemos extraer de ello? ¿Y cómo de buenos son los fines a los que nos puede guiar el ejemplo que se nos presenta? Platón no se plantea la pregunta de la mímesis como si se tratara de una cuestión de verdadero o falso porque para él es una cuestión de justo y de injusto, de apropiado a fines o de inapropiado, de sensato o insensato, de loable o reprobable[7].

5. Jaeger, W.: *Paideia: Los ideales de la cultura griega*, Fondo de Cultura Económica, México, 2017.
6. Nietzsche, F.: *El nacimiento de la tragedia*, Alianza, Madrid, 2012.
7. Platón, *La república*, Alianza, Madrid, 2013, traducción de M. Fernández-Galiano y J. M. Pabón.

En este marco, que por lo menos en parte sigue siendo el nuestro, se encuentra la vida verdadera, que se manifiesta como un título de mérito, como un signo de distinción que nada tiene que ver con la alternativa entre verdadero y falso y que, en cambio, tiene todo que ver con la alternativa entre lo bueno y lo malo, entre aquello digno de ser vivido y lo que en cambio no merece experiencias ni memoria. En este sentido, la vida verdadera no es necesariamente la vida presente, la que se escapa a cada instante, sino que es, más bien, la vida recordada, anotada y escrita. Con el registro, la vida se vuelve una serie de objetos y actos cuantificables, y, a la inversa, la autoridad del documento permite que palabras no verdaderas, una vez que se han pronunciado y, aún más, se han escrito, se vuelvan verdad, se realicen por medio de una suerte de automatismo psicológico y social.

Las prescripciones, como decíamos, no siempre son buenas, y, es más, hay narraciones que, en tercera o en primera persona, se regodean en el mal ejemplo, en la mala vida y, para retomar la palabra que Conrad canonizó, en el horror, en el rechazo total de la convivencia. El reverso del prescribir y de la ejemplaridad de la literatura es la función que esta puede asumir de representar el error y su posible consecuencia, la ruptura de los hilos que mantienen unida a la humanidad. No hablo de las películas o de las novelas de terror, o de las tragedias, sino del momento en el que el horror constituye la trama continua, no un clímax como cuando despierta la momia o cosas así, sino el hilo que hilvana la historia entera.

Tenemos la versión canónica de este horror en la descripción de Kurtz en *El corazón de las tinieblas*:

Nada parecido al cambio que sobrevino sobre sus rasgos había visto hasta entonces y espero no volver a ver algo así jamás. Oh, pero no me conmovió, me fascinó. Fue como rasgar un velo. Vi en aquel rostro de marfil una expresión de sombrío orgullo, de poder despiadado, de vehemente terror, de una intensa y vencida desesperación. ¿Volvería a revivir en aquel momento de supremo conocimiento toda su vida, cada detalle de sus deseos, de sus tentaciones, de su claudicación? Gritó en un susurro, ante alguna imagen, ante alguna visión. Gritó dos veces, un grito que no fue más que un hilo de voz: ¡El horror! ¡El horror![8].

Hay vidas no solo literarias, sino de literatos que han encarnado este horror.

Soy partidario de la modestia. Lo que importa es el objeto. Mire esta cámara delante de usted. Espero que su funcionamiento sea magnífico, pero, después de todo, quien la construyó pudo haber tenido problemas, pudo haber sido un cornudo, un pederasta, un andrógino, un rubio oxigenado o haber tenido dolor de garganta, no me interesa, lo que me importa es que su máquina funcione.

Es Louis-Ferdinand Céline hablando para la televisión en 1957, entrevistado por Louis Pauwels con motivo de

8. Conrad, J.: *El corazón de las tinieblas*, El País/Santillana, Madrid, 2002, p. 155.

la publicación de *D'un château l'autre*[9]. A continuación, sonríe con dulzura y explica que si escribe es porque tiene gastos que debe pagar.

En un escrito por momentos insoportable, Benjamin sostuvo que Proust murió por no haber sabido soportar el choque emotivo con un arbusto de espino blanco[10]. Céline es un caso mucho más grave: no supo refrenar el deseo de degradarse y de degradar, y dio voz a una pasión negativa que disolvía todo lazo social, como bien lo vio Paul Morand cuando lo definió como «un pobre perro lazarillo que se deja atropellar para salvar a su amo enfermo: esa Francia que sigue tanteando a ciegas el borde de la acera».

La ironía es que puede que lo hiciera por un exceso de empatía enferma, por una compasión hacia sí mismo y hacia los demás que se transformó en odio cósmico y destrucción total. Puede que esa pinta de bueno y moderado con la que se presenta en los documentos fílmicos no sea la máscara hipócrita con la que el ogro disimula su crueldad y el horror que lo consume: puede que sea verdad que detrás, incluso, de la expresión «de sombrío orgullo, de poder despiadado, de vehemente terror», detrás de las expectoraciones verbales más desarticuladas, incongruentes y obscenas, se escondiera una gran piedad hacia todo y hacia todos.

9. Céline, L.F., entrevista con Louis Pauwels, 1957, https://www.youtube.com/watch?v=4hjtjZYXXic&t=3125.
10. Benjamin, W.: «Hacia la imagen de Proust», en *Obras II*, 1, Madrid, Abada, pp. 317-330.

No olvidemos que Céline trabajaba como médico para los pobres en la periferia, como muchos médicos tristes de Simenon, y que el autor de *Bagatelas para una masacre*[11] se sacó el título, en 1924, con la tesis *El doctor Semmelweis*[12], el médico del siglo XIX cuyo descubrimiento, la causa bacteriana de la infección puerperal, salvaría a millones de mujeres. Y la moral que expone en la corta premisa que, en 1952, añade a la publicación integral de aquel remoto escrito, parece confirmar esta sospecha, porque, según dice, su tesis

nos muestra el peligro de amar demasiado a los hombres. Es una antigua lección siempre nueva. Supongamos que hoy, del mismo modo, llegue otro inocente que se ponga a curar el cáncer. ¡Ni se imagina qué clase de música le obligarían a bailar! ¡Sería realmente fenomenal! ¡Ah! ¡Mejor que tome medidas de prudencia dobles! ¡Ah! Mejor que esté advertido. ¡Que se ponga condenadamente en guardia! ¡Ah! ¡Ganaría lo mismo si se enrolara inmediatamente en alguna Legión Extranjera! Nada es gratis en este bajo mundo. Todo es expiado, el bien, al igual que el mal, se paga antes o después. El bien es, a la fuerza, mucho más costoso.

Muere con sesenta y siete años de una hemorragia cerebral el 1 de julio de 1961, recogiéndose como un animal mientras la mujer Lucette prosigue con sus clases de

11. Céline, L. F.: *Bagatelas para una masacre*, Editorial Justicia-Valor-Paz, Librería Heidelberg, Monterrey, 2021.
12. Céline, L. F.: *Semmelweis*, Marbot Ediciones, Barcelona, 2014.

danza en el piso de arriba. Al día siguiente, Hemingway se suicida en Idaho de un disparo de escopeta en la cabeza, robándole la atención de la prensa.

Los condenados

La máquina, no obstante, funciona sin duda alguna con la misma exactitud con la que lo hace en el hombre del Boulevard Haussmann, si bien con un ritmo totalmente distinto. Su engranaje fundamental son los tres puntos suspensivos precedidos por un punto exclamativo, el núcleo generador de la prosodia de Céline. Lo escribe él mismo en las *Conversaciones con el profesor Y*: «¡el metro emotivo!... ¡con puntos suspensivos!... ¡puntos suspensivos!... ¡el gran hallazgo!... ¡el hallazgo!... Quién sabe qué funerales me dedicarán»[13]. Los omnipresentes puntos suspensivos y puntos exclamativos describen la angustia del texto (de aquí la antipatía hacia Joyce: «va demasiado lento para mí, demasiado atento a lo sutil»). Un texto que gana muchísimo en una lectura en voz alta, por ejemplo, la de Fabrice Luchini o la de Denis Podalydès. Y la peor jugada que se le puede hacer a Houellebecq es pasarse algunos días escuchando la lectura de *Aniquilación* para después pasar a la escucha de *De un castillo a otro*[14]. Mientras que el primero no presenta

---

13. Céline, L. F.: *Conversaciones con el profesor Y*, Caja Negra Editora, Buenos Aires, 2012, p. 89.
14. Houellebecq, M.: *Aniquilación*, Anagrama, Barcelona, 2022.

(ni, sobre todo, lo manifiesta) ningún mal que no pueda ser lenificado con un antidepresivo, el segundo se mete en un lío espantoso. Y, además, sin justificación artística. Las *Bagatelas para una masacre*, que (junto a *La escuela de los cadáveres* y *Los bellos paños*) le reservará un deshonor eterno, es un libro fallido. Pero, al igual que sus obras maestras, forma parte de la máquina que, si funciona, es precisamente porque detrás está el fascista y el antisemita o, aún peor, el hombre con los pantalones deformados, un sucio jersey sobre otro y fulares deshilachados alrededor del cuello.

Difícilmente podríamos imaginar una «Casa Céline» así como hay una «Casa Pound»: el dueño de esa casa le parecería un impresentable a cualquiera, ya que ha hecho todo lo que podía hacer para serlo, hasta el punto de que, cuando Jünger se lo encontró el 7 de diciembre de 1941 en el Institut Allemand del París ocupado, quedó devastado por la «monstruosa potencia del nihilismo» y lo juzgó como «un hombre de la edad de piedra».

¡Pero! ¡Pero, querido Abetz!... ¡La pequeña diferencia!... ¿Usted finge no saber nada!... ¡Usted, Abetz, incluso habiendo sido más veces derrotado, subyugado, ocupado desde cien lados, por cien vencedores, usted será, en cualquier caso, Dios, Diablo, los Apóstoles, el concienzudo leal alemán, honor y patria! ¡El derrotado perfectamente legal! ¡Mientras que yo, un energúmeno, seré siempre el sucio condenado traidor al que hay que ahorcar!

Así habla Céline en un diálogo probablemente inventado con Otto Abetz, embajador alemán en la época de Vichy, hombre culto y muy amado por los colaboracionistas. Nos encontramos en los primeros meses de 1945 en Sigmaringen, en el castillo de cuento de hadas de los Hohenzollern, el de *De un castillo a otro*, en donde los alemanes habían instalado a los colaboracionistas Pétain, Laval, Brinon, y así hasta abajo, en un viaje al final de la noche.

Sigmaringen se encuentra a menos de doscientos kilómetros de la Estrasburgo liberada, las armadas de Leclerc y de De Lattre de Tassigny están a punto de cruzar el Rin. No queda mucho para el momento en el que De Lattre, *«le Roi Jean»*, instale su propio cuartel general en Costanza, setenta kilómetros más al sur. Pero sobre todo se acerca el momento del ajuste de cuentas, el que tuvo lugar, por ejemplo, el 7 de mayo de 1945 en Bad Reichenhall, en Baviera, cuando una docena de Waffen SS franceses de la división Charlemagne, los mismos que pocos días antes habían defendido a Hitler y al Reichstag en Berlín, se toparon con el general Leclerc al frente de sus tropas. Él les preguntó: «¿Por qué vestís uniformes alemanes?», y ellos contestaron: «¿Y usted por qué viste un uniforme americano?». Leclerc les mandó fusilar ahí mismo.

De Lattre es aún peor. Nunca padecer, nunca soportar, nunca agachar la cabeza, no rendirse nunca. A pesar de que sepas que tienes cáncer, a pesar de que sepas que la guerra de Indochina está perdida y a pesar de que en esa guerra haya muerto tu hijo, exactamente como algunos años atrás, en otra campaña, había muerto el hijo de Jünger, Ernstchen, Ernestito, en la zona de Massa Carrara, junto a los arrecifes de mármol. Quién sabe si el 2 de septiembre, en la rada de Tokio, a bordo del acorazado Missouri, mientras recibía la rendición de los japoneses, acompañado por todos los representantes de las Naciones Unidas, *le Roi Jean* pudo llegar a imaginar el destino que se cernía sobre él. No lo sabemos, pero esto, y no es muy difícil de entender, es la suerte que se cierne sobre cada uno de nosotros.

De primeras se tiene la impresión de que la postura de Céline es la misma que la de los desesperados miembros de la Charlemagne: provocadora e inflexible, sincera hasta la autodenigración. Se objetará que no hay nada tan premeditado como la sinceridad, y que es muy posible que en *De un castillo a otro*, y luego en *Norte* y en *Rigodon*, que relatan la fuga y la infamia, haya una dosis de hipocresía, de cálculo, de mentira. Pero ¿cálculo de qué? De manera distinta a Von Salomon que, con *El cuestionario*, donde relata sus terribles experiencias en la Baviera ocupada por los americanos, logró una ambigua restauración de la buena conciencia de los alemanes, Céline se hace a sí mismo aún más odioso cuando se representa como un marginado que le arrebata la muleta al mendigo y lo asesina con ella porque –leemos en la página final de *Rigodon*, escrita el día anterior a su muerte– «los chinos, los de verdad, los más duros, los que vendrán a ocuparnos, ya están acampando en Silesia... en Breslavia y alrededores... ¡llegarán más! Muchos más desde las estepas... ¡hordas! Kirguizos, moldo-fínicos, balto-rutenos... los veréis en Pantin»[15]. Mientras les espera, Céline con pinzas para la ropa cuelga sus folios de unas cuerdas que atraviesan su estudio, como un ama de casa o un viejo fotógrafo, y en *De un castillo a otro* se ejercita en elaborar contrafactuales: «¿Y si Hitler hubiese ganado?... ¿Aragon habría ingresado en las SS?...». Y venga con la desesperación por no pertenecer a ninguna iglesia o circo que lo pueda proteger del castigo, al contrario que «Maurois, Mauriac, Thorez, Tartre [es decir, Sartre], Claudel!... ¡y demás!... ¡el Padre Pierre... Schweitzer... Barnum!... ¡sin la menor vergüenza!»[16]. Llega a un punto en el que no entiende nada: cómo es posible que Tartre, el *agité du bocal*, el que ha perdido la razón, el pez rojo que se revuelve en su acuario, Sartre, a quien Céline se obstina en llamar Jean-Baptiste (era el nombre del padre de Jean-Paul, y nos preguntamos si Céline lo sabía o si se trata, en cambio, de uno de sus habituales deslices, como cuando escribe «Raimbaud»), Sartre, que había disfrutado del éxito de *Las moscas* durante la ocupación alemana, ¿cómo es posible que aparezca ahora como el héroe de la resistencia? «¿Asesino y genial? Eso se ha visto... después de todo... ¿Es tal vez el caso de Sartre? Es asesino, lo es, quisiera serlo, entendámonos, pero... ¿genial?».

En estas listas de nombres se respira la atmósfera de la pura y simple desesperación, como si lo vertiginoso de

15. Céline, L.-F.: *Rigodon*, Lumen, Barcelona, 1990.
16. Céline, L.-F.: *De un castillo a otro*, Edhasa, Barcelona 2024, p. 27.

enumerar nombres y el horror fueran gemelos siameses: como en la cláusula «¡muerto!» cuando Charlus, ya demente, rememora los amigos desaparecidos («¡Aníbal de Bréauté, muerto! ¡Antonio de Mouchy, muerto! ¡Carlos Swann, muerto! ¡Adalberto de Montmorency, muerto! ¡Boson de Talleyrand, muerto! ¡Sosthène de Doudeauville, muerto!»[17]); y como en la enumeración de las calles milanesas que recorre la ambulancia que conduce hasta el cementerio al garibaldino muerto en *El incendio de la calle Kepler* de Gadda («¡Pero cómo que en la calle Botticelli! ¡Más allá, más allá! En la calle Giuseppe Trotti, sí, bien hecho, pero pasada también la calle Celoria, pasada también la calle Mangiagalli, y luego la calle Polli, la calle Giacinto Gallina, más allá de Pier Gaetano Ceradini, de Pier Paolo Motta, en donde Cristo perdió el gorro»[18]).

Vicevivir

El horror, la interrupción del convivir, adopta muchas formas, como en la Metamorfosis de Kafka:

> Al despertar Gregorio Samsa una mañana, tras un sueño intranquilo, se encontró en su cama convertido en un monstruoso insecto. Se hallaba echado sobre el duro caparazón de su espalda, y, al alzar un poco la cabeza, vio la figura con-

17. Proust, M.: *En busca del tiempo perdido III*, cit., p. 738.
18. Gadda, C. E.: *Emparejamientos juiciosos*, Sexto Piso, Madrid, 2017.

vexa de su vientre oscuro, surcado por curvadas callosida-
des, cuya prominencia apenas si podía aguantar la colcha,
que estaba visiblemente a punto de escurrirse hasta el suelo.
Innumerables patas, lamentablemente escuálidas en comparación con el grosor ordinario de sus piernas, ofrecían a
sus ojos el espectáculo de una agitación sin consistencia[19].

Si la prescripción está conectada con la mímesis, el vicevivir es un pariente cercano de la catarsis, es decir, de la
circunstancia, válida tanto en la época de la *Poética* de
Aristóteles como en la nuestra, según la cual leemos, a
veces incluso con placer o por lo menos con entusiasmo,
sobre acontecimientos que, si nos ocurrieran a nosotros,
nos provocarían horror[20]. Es el típico sentimiento de
observar un naufragio desde la orilla. O por lo menos
era lo que ocurría en las épocas clásicas y románticas,
porque hoy en día los naufragios de las pateras de mi-
grantes con espectadores son la forma específica que
adopta el horror en nuestro tiempo.

Con todo, también aquí hay un elemento empático: el
de compartir (de forma compasiva o no; por desgracia,
«empatía» no es de por sí «bondad») las penurias de
los náufragos o, incluso, la del humano transformado en
insecto. Querríamos aliviar esos sufrimientos, como
cuando Nabokov advierte que Gregor se ha transformado en un escarabajo; los escarabajos tienen alas y, si se
hubiese dado cuenta de ello, podría haber echado a vo-

19. Kafka, F.: *La metamorfosis*, Alianza, Madrid, 2011, p. 11.
20. Aristóteles: *Poética*, Alianza, Madrid, 2013.

lar. Pero «vicevivir» es también una ventana abierta a otros mundos o, por lo menos, una mirada desde una perspectiva distinta: ¿Cómo nos sentiríamos, por ejemplo, si un día nos despertáramos y descubriéramos que somos un escarabajo? ¿Es algo que nos serviría de algo para aprender a vivir? Sin duda, porque no hay mejor modo para entender el modo específico en el que vive el animal humano que observándolo desde el ojo extranjero del animal no humano, por ejemplo desde el de un gato, que nos observa con una mezcla de indiferencia y compasión. Pero no hace falta llegar a las metamorfosis o a las anamorfosis para experimentar el sentido del vicevivir, del hecho de vivir las vidas de los demás o de vivir la propia vida como si fuera la de otro.

La vida académica y la de la rutina de tener que trasladarse de casa a la universidad, junto a tantos otros recuerdos ferroviarios de infancia y juventud, tal y como lo ha relatado Valerio Magrelli, es, a todos los efectos, un prototipo de vicevida más potente incluso que el de Gregor Samsa[21]. Porque Gregor está en su mundo, en su vida, pero quien cambia de pronto es él, mientras que a su alrededor todo permanece tal cual. En una novela de gran éxito en los años ochenta, *El mundo es un pañuelo*, de David Lodge, encontramos en cambio un tipo de vicevida mucho más afín al descrito por Magrelli y que, a causa de las transformaciones que han sufrido el mundo y la socie-

21. Magrelli, V.: *La vicevida (Trenes y viajes en tren)*, Kriller71 Ediciones, Barcelona, 2019.

dad, se ha vuelto una situación universal[22]. Y no me extrañaría si antes o después alguien escribiera una *Muerte de un profesor viajante*: los argumentos no faltan.

No estamos hechos para vivir en soledad

Volvamos a la convivencia como sentido de la vida o, es más, arriesgándonos a ser *kitsch*, como significado de la existencia. A menudo, cuando hablamos de «convivencia» solemos verla como un capítulo de la filosofía política, en referencia a la «convivencia pacífica» entre los Estados o al contrato social, la toma de decisión de los humanos de crear una *commonwealth* que ponga fin a la guerra de todos contra todos. Pero en mi opinión eso es un error: no, desde luego, por tratarse de un intento, por necesidad, de desarrollar todo lo posible la convivencia en política, sino más bien por considerar la convivencia política como paradigma, como la forma esencial de la convivencia. En mi opinión no es así: esta sería la copia, imperfecta y burocrática, de un hecho mucho más profundo y definitorio del humano, la necesidad de estar juntos, que, cuando falta, genera los más grandes sufrimientos espirituales de entre todos aquellos que la vida nos obliga a experimentar.

De esta necesidad de estar juntos tenemos ejemplos ilustres, incluso si no nos remontamos a Adán y Eva o a

22. Lodge, D.: *El mundo es un pañuelo*, Anagrama, Barcelona, 2006.

Eurialo y Nisos. Regresemos a un *topos* al que ya nos hemos enfrentado cuando hablábamos de supervivencia. Entre el 16 y el 18 de agosto de 2004, Jacques Derrida, que se encontraba en la fase terminal de la enfermedad que se lo llevó pocas semanas después (moriría en París el 9 de octubre), no se eximió del esfuerzo de cruzar el Atlántico, en un larguísimo viaje hacia el suroeste, a Río de Janeiro, para participar en la convención «Para una reflexión sobre la deconstrucción: problemas políticos, éticos y estéticos». Aquel esfuerzo heroico y casi sobrehumano no es difícil de entender: como les ocurre a menudo a los autores, Derrida siempre había vivido bajo la atención de una comunidad de lectores, y era a esa comunidad a la que le quería dedicar su última despedida. Podríamos verlo como el inverso especular pero complementario de la gran antología de epicedios de amigos y compañeros de viaje que publicó a toda prisa un año antes, *Chaque fois unique, la fin du monde*[23]. Cada vez único, el fin del mundo: porque es verdad que cada vez que un humano se va, se abisma un mundo entero, grande o pequeño; aquel con el que tenía relación y que constituía su mundo. He aquí el punto desde el que es necesario empezar: el mundo de un individuo inmerso en una comunidad.

En otros términos, *ego cogito, ego sum* es una certidumbre de existencia, pero es bien poca cosa en solitario, si no la integramos con la enorme riqueza de nuestros se-

---

23. Derrida, J.: *Cada vez única, el fin del mundo*, Pre-Textos, Valencia, 2005, traducción de M. Arranz.

mejantes, aquellos con quienes tenemos relaciones tanto de amistad como de enemistad pero que gozan junto con nosotros de nuestro tiempo: el alemán *Zeitgenossen*, que vale por «contemporáneos», significa justamente esto, gozar o compartir un mismo tiempo. Sería, por lo tanto, erróneo ver en Descartes un filósofo solipsista; es más, su entera reflexión se resume en la prueba de que existe un Dios que ha creado el mundo externo y que en ese mundo hay ciertos *alter ego*. A la inversa, un vivir que no conllevara un convivir no sería «vida». ¿Por qué? Las primeras pruebas las obtenemos de la experiencia directa. El hecho de que el humano sea un animal social es una sólida obviedad. Nunca veremos a un gato frustrado por el desinterés de otro gato, pero que a nosotros nos nieguen el saludo, o que suframos una ostentosa indiferencia, es una de las peores ofensas y padecimientos que le pueden tocar vivir a un humano. Piénsese en el anatema lanzado contra Spinoza desde su comunidad de pertenencia, que le prohibió toda comunicación e incluso toda aproximación a una distancia menor de cuatro cúbitos, es decir, dos metros.

Que esta maldición, que dejaría indiferentes a tantos animales no humanos, a nosotros nos resulte tan tremenda, y que equivale a esa forma de muerte seca y cortante que es la muerte civil, nos reconduce a los orígenes de la naturaleza humana. Y, sobre todo, a nuestra primera naturaleza como organismos; unos organismos particularmente desaventajados y lentos en la evolución. Precisamente por esto, la convivencia, en tanto que remedio que introduce una segunda naturaleza en la primera, desde el comienzo hunde sus raíces en nuestras necesidades de cuidado conectadas a la neotenia, es decir, a la supervivencia de elementos infantiles en el desarrollo del adulto, que es algo distintivo del humano. Y también es humano, demasiado humano, su tardío desarrollo, que va desde su dependencia, en primer lugar, de las formas de la nutrición recibida como lactante (que es una primerísima y elemental forma de convivencia), hasta la dependencia del hijo respecto a la autoridad simbólica, o incluso hasta los chantajes sentimentales de un progenitor o de un profesor, o la dependencia del escritor respecto de la opinión de la crítica, y de mí mismo, obviamente, respecto a cómo juzgaréis estas líneas.

Pero no se trata solo de pobreza, de necesidad. Resulta difícil pensar en una vida que se vea privada de otros yo. El anacoreta o Robinson Crusoe viven sin duda una vida solitaria, el primero por elección, el segundo por necesidad; viven, es decir, en soledad, pero es una soledad poblada por los fantasmas de una vida social previa. Pero un animal humano que creciera totalmente aislado no tendría esperanzas de supervivencia, a menos (como en las historias fabulosas que pueblan nuestra infancia, acerca de niños adoptados por lobos) que asuma las formas del grupo de pertenencia, es decir, de una comunidad que no es humana. Y ni siquiera se trata simplemente del hecho genérico de compartir una naturaleza humana. Por ejemplo, es difícil sostener que pasar tiempo rodeado de desconocidos sea en verdad «convivir»:

en estos casos, más bien, tenemos la impresión de hallarnos solos en una multitud, que es exactamente lo contrario de convivir. A la inversa, puede que haya relaciones de pareja que, sobre todo en la primera fase, la del enamoramiento absoluto y exclusivo, reduzcan el mundo que les rodea a ser un fondo del que no destacar sino a dos únicas figuras. Son grandes momentos, que, obviamente, pasan, se transforman, a veces se quiebran, pero que demuestran la quintaesencia y la excelencia de una convivencia que no es ni social ni política.

En todos los casos que hemos examinado, desde el arquetipo o estereotipo del contrato social a la singularidad, distinta cada vez, de la unión que puede aproximar a dos humanos en una misma pareja, opera el círculo hermenéutico de la vida social. El animal humano, que como cualquier otro organismo posee solo ciertas finalidades internas, recibe, muy pronto en su vida, una serie de finalidades externas y crece en un mundo estratificado lleno de mitos, ritos, tradiciones y lenguajes. Mientras tanto, se esfuerza en empresas extenuantes, si lo miramos en retrospectiva, como adquirir la postura erecta, aprender a hablar, luego a leer, a escribir y a hacer cuentas... Toda esta avalancha de finalidades externas retorna al animal humano que, mientras tanto, se siente ya más humano que animal. Vive, pero su vida ya es muy diferente de la de los demás organismos en tanto que se ve atestada de ambiciones, dificultades y carencias que los demás organismos no pueden siquiera remotamente imaginar, y que tienen que ver con convivir. No veremos jamás a un castor frustrado porque ha sacado una mala nota en el colegio, o angustiado porque la castora de la que está perdidamente enamorado no responde a sus mensajes o se limita a usar emoticonos sibilinos o demasiado genéricos: estos son modos de ser que nos pertenecen exclusivamente «a nosotros». Y precisamente es en esta nuestra forma de vida en la que puede darse que un humano se haga una pregunta que es inconcebible para un castor o para un delfín, es decir, que se pregunte si la vida que está viviendo es verdadera o falsa, si tiene o no una experiencia auténtica de la vida, y puede que siga discurriendo durante muchísimo tiempo, tal vez hasta el último día de su vida, acerca de esta clase de cuestiones para acabar concluyendo, una vez más, que una vida solitaria no es vida.

Lo que propongo con la idea de convivir como elemento constitutivo de la naturaleza humana, tanto de la primera, la biológica, como de la segunda, la social, es una trascendencia en el más acá. No estamos solos en el mundo; hay un otro, que es diferente a nosotros pero humano como nosotros, al que podemos dirigirnos con odio o con amor, pero siempre como a un *alter ego* que posee en sí mismo algo de lo que somos (el recurso a los animales de compañía también se admite, pero no es difícil notar cuáles y cuántos procesos de antropomorfización forzosa, que no sabemos cuánto nos agradecen, les infligimos a perros, gatos, papagayos...). Es la regla del juego: no puedes sentirte humano sin entretener algún tipo de relación con otro humano. De este modo, convivir, reconocerse como seres humanos, nos procura una trascendencia totalmente mundana, es decir, nos ofrece un sentido para el estar juntos que sobrepasa los límites de una vida que, si la examináramos por lo que es, sin el sentido suplementario de la convivencia, resultaría solitaria, pobre, desagradable, brutal y, por muy larga que pudiera ser, sería, en cualquier caso, demasiado corta.

Convivir: una trascendencia totalmente mundana

Convivir es mucho más que sobrevivir. He aquí el motivo, creo, de la atracción que ejerció sobre mí durante tantos años, y que aún dura, un poema de Vittorio Sereni, *Intervista a un suicida*, al cual no es la primera vez que regreso. Cuenta una historia de un pueblo, el suyo creo, llamado Luino. Un hombre se ha suicidado, el motivo no está claro, o tal vez sí; había robado en la caja del ayuntamiento y no sobrevivió al deshonor, pero el déficit, subraya Sereni, no estaba en la caja, sino en su corazón; habrá sido esa falta la que le indujo a robar. Sea como sea, no se nos explica la causa, probablemente no lo sabe ni siquiera el propio Sereni, quien por cierto asistió al funeral no para hacer averiguaciones sobre el asunto de la sustracción, sino para reflexionar sobre cuán poca cosa es, después de todo, la vida de un humano, sobre todo en un pueblo, que es lo opuesto a la idea de la bella comunidad orgánica en la que todos se conocen y practican la convivencia, tan anhelada a menudo por aquellos que en cambio viven en la ciudad y cuya profesión no es, pongamos, la de alguacil del ayuntamiento, sino profesor, redactor o intelectual.

«...Pensar / qué puede ser –vosotros que desde / el corazón de las ciudades dirigís lamentos / hacia ciudades sin corazón– / qué puede ser un hombre en un pueblo, / una página que cruje bajo la pluma del escriba / y después / tras el polvo de los archivos / nada nadie en ningún lugar nunca». El último verso fue el primero en caer bajo la pluma o en aparecer en la mente de un endecasílabo perfecto que condensa en seis palabras la desaparición total, el haber pasado por el mundo sin dejar rastro, que es, además, se quiera o no, el destino de todos nosotros, también de los emperadores, así como Marco Aurelio se decía a sí mismo: «pronto habrás olvidado todo y pronto por todos serás olvidado»[24]. Y si después por fin alguien te recordara, ¿cambiaría algo? No. Más vale vivir los unos con los otros mientras estemos aquí, de la mejor manera, aunque sea de la manera pantagruélica que describe Montaigne cuando habla de los egipcios, que hacían que una gran imagen de la muerte presidiera sus banquetes no para disuadir a los presentes de que festejaran o se desmadraran, sino precisamente para ofrecer un excelente motivo para que tomaran todo lo que la vida les podía dar: total, les esperaba la muerte, el final de todas las cosas y de toda belleza. El espíritu de

---

24. Marco Aurelio: *Meditaciones*, Alianza, Madrid, 2020.

esta nación de taxidermistas (o por lo menos así nos los imaginamos, y seguramente así se los imaginaba Montaigne) es, por lo tanto, muy diferente de aquel que resuena en la admonición barroca de la calavera que increpa al transeúnte y le dice: «yo era lo que tú eres, tú serás lo que yo soy».

Un poco antes, en la *Entrevista a un suicida*, hay un pasaje en el que se habla sobre hogueras y cenizas, como en *Todesfuge* de Celan, y con la idea de un holocausto: «¿Qué relación mantenemos con la eternidad? / Me volví para interrogar a la que llamamos alma, así llamada. / Inmóvil, uniforme / respondió por ella (por mí) una zarza de leve fuego crepitante, como de vidrio líquido / indoloro con dolor. / Arrojé al tornasol mi ¿Por qué lo has hecho? / Pero no descollaron voces que hablaran lenguas de fuego, no la historia del un hombre: / simulacros, y ni siquiera, figuras de la vida». El pasaje evoca, por lo menos en mi memoria, versos de otro poema de Sereni, *La playa*, en concreto estos cuatro: «Los muertos no es lo que día a / día hay que perder, sino aquellas / manchas de inexistencia, cal o ceniza / preparadas para volverse movimiento y luz»[25]. De nuevo la ceniza, la inexistencia, el no ser ya nada, como en los versos tal vez más famosos de Sereni, que desde su cautiverio en Argelia le dedica al primer caído en el desembarco en Normandia: «Ya nada sabe, alto sobre las alas / el primer caído de bruces en la playa normanda». Olvido, au-

---

25. Sereni, V.: *Los instrumentos humanos*, Libros del Aire, Santander, 2023, traducción al castellano de J. Muñoz Rivas.

sencia, cenizas, temas recurrentes en un autor que, en el recuerdo de quien lo llegó a conocer, era alguien jovial, amante de la vida, hincha del Inter, juvenil, apasionado de la buena mesa, es decir entregado a una convivencia de la cual esa ceniza tenía que ser el fundamento contrario, el contrapunto, aquello de lo que huir, la sombra de Banquo.

Este mismo huir de la ceniza en pos de la convivencia creo verlo también en una figura intelectual muy distinta a la de Sereni, una docena de años más joven pero muerto en la misma época, en la primera mitad de los años ochenta. Ya he hablado de su profecía, aunque diría mejor su bravuconería, que le dio fama a los cuarenta años con el anuncio de la muerte del hombre en las últimas páginas de *Las palabras y las cosas*[26]. El aspecto más interesante del último Foucault es precisamente el de haber querido a toda costa aprender a vivir después de una vida que, si seguimos la hermosa biografía de Didier Eribon[27], raras veces fue feliz y, con toda seguridad, perennemente complicada. En un determinado momento se preguntó exactamente esto: ¿cómo vivir bien? Que es, precisamente, lo mismo que preguntarse si es posible aprender a vivir. Sabemos, de hecho, incluso si simplemente revisamos su bibliografía, que en un determinado momento Foucault sufre un bloqueo o un giro, como si no creyera ya más en las hipérboles nietzschea-

26. Foucault, M.: *Las palabras y las cosas. Una arqueología de las ciencias humanas*, Siglo XXI, Buenos Aires, 2013.
27. Eribon, D.: *Michel Foucault*, Anagrama, Barcelona, 2006.

nas de su juventud, espacia sus publicaciones y, a partir de 1976, en los volúmenes de *Una historia de la sexualidad* que avanza a duras penas, y en los cursos en el Collège de France que atestiguan que ha tomado otro camino, parece que se plantea un problema completamente diferente: cómo vivir y cómo vivir juntos, refiriéndose a las experiencias de las primeras comunidades cristianas, y que culmina en los dos últimos cursos en el Collège de France, 1981-1982 y 1982-1983, que versan sobre el gobierno de sí y de los demás[28]. ¿Cómo vivir juntos, una vez que la idea de la supervivencia, del dejar huella, pierde atractivo y prevalece la ceniza y el olvido, como en los versos de Borges en memoria (en contramemoria, deberíamos decir) de Carlos XII de Suecia? «Ardes glacial, más solo que el desierto; / Nadie llegó a tu alma, y ya estás muerto»[29].

Más ceniza, justamente como en la espeluznante escena del suplicio de Damiens, la del parricida, con la que Foucault abre una de sus obras, *Vigilar y castigar*, de 1975, que funge de alguna manera de bisagra entre las dos fases de su investigación, la sulfúrea, luciferina, solitaria y antihumanista, y aquella que se esfuerza en responder a la pregunta: ¿cómo vivir juntos? Tras la descripción, llena de complacencia sadomasoquista, del suplicio del condenado atenazado, cortado, descuartizado, hecho pedazos, llegamos a la ceniza:

28. Foucault, M.: *El gobierno de sí y de los otros: curso del Collège de France*, Akal, Madrid, 2011.
29. Borges, J. L. *cit.*, p. 908.

En cumplimiento de la sentencia, todo quedó reducido a cenizas. El último trozo hallado en las brasas no acabó de consumirse hasta las diez y media y más de la noche. Los pedazos de carne y el tronco tardaron unas cuatro horas en quemarse. Los oficiales, en cuyo número me contaba yo, así como mi hijo, con unos arqueros a modo de destacamento, permanecimos en la plaza hasta cerca de las once. Se quiere hallar significado al hecho de que un perro se echó a la mañana siguiente sobre el sitio donde había estado la hoguera, y ahuyentado repetidas veces, volvía allí siempre. Pero no es difícil comprender que el animal encontraba aquel lugar más caliente[30].

El perro que se echa sobre el calorcito del holocausto, en busca de la tibieza de ese resto de nada, es verdaderamente la hipotiposis de «Nada, nadie, en ninguna parte nunca». Despidámonos de las fantasías de que algo aún permanece, de las esperanzas de un más allá tan tenue como se desee, y tratemos de centrarnos en la trascendencia en el más acá, es decir, precisamente en la convivencia: he aquí la minúscula y obvia moral que he conseguido extraer de toda esta historia que me he contado a mí mismo para exorcizar mi caída.

---

30. Foucault, M.: *Vigilar y castigar. Nacimiento de la prisión*, Siglo XXI, Buenos Aires 2002, p. 8.

Epílogo
El renacer

Llegamos por fin a la cola y su veneno[1]. Lo que he tratado de ensamblar en estas páginas aspira a ser un ensayo
coherente, con un tema –el aprender a vivir– que unifi-
ca sus partes y propone un desarrollo, y una trama que
pretende ser un poco más robusta que la que ofrece la
mera identidad del autor. Si, a pesar de todo, siento que
este escrito es diferente de los muchos que he publicado
en mi vida, es porque creo que es sensible a esa diferencia de géneros que Proust introduce en una digresión de
la *Recherche*. Me refiero a la diferencia entre las obras
de la inteligencia, fruto de la luz y la conversación, y
otras obras (que él define como de arte), fruto del silencio y del recogimiento. Me cuido mucho de cobijar pretensión artística alguna para estas páginas, pero su ori-

1. *In cauda venenum*, locución latina para indicar cómo un orador culmina
su discurso con un final a menudo satírico o hiriente. *(N. del T.)*.

gen es seguramente un poco más sombrío que el de mis otros escritos y, antes que a la inteligencia y a la conversación, he intentado darles voz al silencio y al recogimiento, o por lo menos a la reflexión. ¿Cuáles son los resultados? Voy a intentar hacer un balance.

En la medida en que la vida es severa, que sobrevivir ofrece un dudoso consuelo y que la resurrección es una promesa en la que los más –y me incluyo en esa mayoría– no creen, pienso que, en lo que se refiere al individuo y no a su ser en comunidad (es decir, su convivir), la única esperanza razonable es la de renacer cada día dentro de lo posible. Aquí, y menos aún de lo que lo he hecho hasta ahora –y no hablo solo de este libro, sino de los muchos que lo han precedido–, no quiero apoyarme en la literatura y en la filosofía, ampararme en ejemplos y pequeñas astucias de profesión, sino exponer una experiencia directa, el fruto de todos los meses que siguieron a la caída.

La caída con la que comencé fue indudablemente accidental y, en efecto, es difícil pensar en algo que sea más accidental que una caída. Pero si la leo a la luz de lo que ha ocurrido después y del esfuerzo que me ha costado recuperarme, fue el resultado de una decadencia a la que no había prestado atención y que se ha manifestado un poco como si fuera una emboscada, pero una emboscada bien planeada, con mucha antelación, y sobre todo por mí mismo y contra mí, como suele ocurrir. Una decadencia que se ejerce antes de ser entendida pero que, una vez que se ha entendido, se manifiesta con una evidencia deslumbrante, o por lo menos con una obstinación que no quiere desaparecer, un poco como la idea de la muerte que se insinúa en la mente del Narrador después de que Albertine se haya ido para siempre. Quienes prepararon la trampa fueron, según lo previsto, todos los expedientes y los remedios que yo había ido poniendo a punto a lo largo del tiempo intentando aprender a vivir.

El primer gran engaño, la primera trampa involuntaria, fue precisamente la idea de que se pudiese aprender a vivir, que hubiese algún tipo de manual, por lo general un libro, primero de literatura y luego de filosofía, de donde fuera posible obtener algunas enseñanzas útiles. Ya fuera el *Manual de vida* de Epícteto, que confieso que nunca he leído, o el *Manual de los jóvenes castores*, que habría leído gustoso si hubiese existido en mis tiempos, siempre me ha tentado lo fascinante de unas páginas en las que se explicara con pelos y señales quiénes somos, qué queremos, y que, tal vez, respondiera también a la pregunta de las preguntas: ¿qué hacer?[2]. Ahora bien, indudablemente, estas enseñanzas están ahí, pero –aunque Kant tratara de concederles espesor metafísico– no son ni mucho más profundas ni más eficaces que el sentido común y el amaestramiento que nos ofrecen los refranes: porque una cosa es saberlo en la teoría y otra es ponerlo en práctica, si retomamos, por cierto, un dicho popular. Es verdad que Proust, por ejem-

2. Epicteto, *Manual de vida*, Arpa, Barcelona, 2024.

plo, nos presenta toda una teoría sobre la utilidad del dolor, el cual sería solo una idea que aúlla para abrirse camino en nuestra consciencia («Y así se van haciendo poco a poco esas terribles caras descompuestas, esas caras del viejo Rembrandt, del viejo Beethoven, de quienes todo el mundo se burlaba»[3]); pero en esas mismas páginas tiene también la honestidad de reconocer que, con plena legitimidad y por razones idénticas o incluso superiores, se podría objetar, sin miedo a recibir desmentidas tajantes, que el dolor no sirve para nada, que es un afecto inútil porque es pasajero.

El segundo engaño ha sido el de la reparación. Aun siendo consciente de que la reparación es imposible, yo siempre lo he intentado. Y es cierto que ya desde niño debería haber sabido qué es la moral gracias un tremendo libro que me regalaron y que leí tras muchas vacilaciones: *El incomprendido* de Florence Montgomery. Todo un programa ya desde el título, pero que, sin embargo, contenía un refrán en forma de adivinanza: «todos los pajes y ayudantes del rey nunca jamás sabrán volver a ponerlo en pie», refiriéndose a un huevo roto. Más tarde esta convicción me fue confirmada por otras referencias más cultas, como Metastasio, que a su vez se remontaba a Horacio, que a su vez lo tomaría del sentido común de su tiempo: «Voz que del seno ha huido no puede ser recobrada: no se retiene la flecha, cuando del arco ha salido». Que es un verso que conoce todo el

3. Proust, M.: *En busca del tiempo perdido III*, cit., p. 775.

mundo, sobre todo la parte que se refiere a la «voz que del seno ha huido», que es hoy un dicho corriente en Italia, pero que muy pocos (entre los que yo me contaba hasta que no me planteé el problema) sabrían decir que proviene de un melodrama muy poco conocido, *Hipermestra* (acto II, escena I, como deduzco de la Wikipedia). Ahora bien, a pesar del sentido común y de la cultura, no he dejado nunca de aplicarme a la acción inútil de la reparación y a la esperanza que la acompaña. Esperanza que es un mecanismo complicado. Toma trozos del pasado, momentos que fueron bellos cuando los vivimos o que en la nostalgia nos parecen tales, y los proyecta hacia el futuro. O mejor aún, avanza con la mirada vuelta hacia atrás, como el ángel de la historia de Klee: el viento lo empuja como a una cometa (después de todo, es literalmente una cometa). Y, en medio de todo ese confuso movimiento, trata de dirigir la mirada hacia delante. Pero claramente, la idea de renacer sabe muy bien cómo de precaria es esta resurrección. Porque una vez que la idea de la muerte se ha asentado ya no hay nada que pueda expulsarla, siempre está ahí, presente y evidente, incluso en el culmen de los proyectos de renacimiento, así como en cualquier otro momento: un huésped fijo al cual, al final, uno se acostumbra, un poco.

En cuanto al hecho de vivir, no tengo muchas cosas que añadir salvo la experiencia acumulada gracias a los años, que nos enseña que, si no se aprende a vivir, por lo menos nos acostumbramos a ello y esta costumbre nos induce a permanecer ligados a la vida incluso cuando no parecería razonable hacerlo. Por ahora me encuentro en unas condiciones físicas aún aceptables, pero ¿por cuánto tiempo? Y cuando deje de ser así, ¿qué prevalecerá, el apego irracional o la impaciencia (también ella irracional, pero, tal vez, a fin de cuentas, no tanto), que con dieciséis años me hacía anhelar una muerte precoz ante una vida que me parecía erizada de escollos e insoportable, una montaña por escalar, una empresa que no me apasionaba demasiado? En cualquier caso, a medida que el tiempo pasa más me doy cuenta de la verdad contenida en algo que cierto día me dijo, dejándolo caer incidentalmente (y, con ello, induciéndome a mí a dejarlo caer, a mi vez, durante mucho tiempo), Derrida: a saber, que no es verdad que cuando llegamos a una determinada edad tenemos verdaderamente esa edad; tenemos también todas las edades que la han precedido, que se suman, conviven, a menudo litigiosamente, no saben ponerse de acuerdo y, a veces, se entregan a una lucha agotadora para mantener unidos los diferentes momentos, escenas, vistas y ensenadas de un periplo que es siempre cada vez más largo pero que, al mismo tiempo, siempre está cada vez más cerca de cerrar el círculo.

En cambio, respecto a la supervivencia o incluso respecto al resurgimiento, en las diferentes tintas en las que han sido escritos y que he reseñado en estas páginas, tengo las ideas mucho más claras. Es una ilusión. Es vano el pensamiento que me ha reconfortado durante tantos años, mientras escribía para responder a necesidades prácticas y que, con el tiempo y el acumularse de los libros, se han ido atenuando, transformando la necesidad académica del «publica o muere» en un hábito iluminado por una vaga esperanza: «publica y no todo lo tuyo morirá». Ya no creo más en ello: precisamente ahora que, efectivamente, mis libros se han ido acumulando, tanto que, entre ediciones y traducciones, ocupan una pared entera de mi librería. Se quedarán ahí, tal vez alguno seguirá siendo leído o citado, quién sabe por qué motivo, o lo más probable es que no lo sean, pero ninguno de los dos casos me dará consuelo alguno porque yo ya no estaré. Porque sería en verdad aún más estúpido de lo que ya me creo si, en el momento del tránsito, la idea de una exuberante bibliografía destinada a sobrevivirme me fuera a consolar de algún modo. La supervivencia del barón Lamberto en el cuento de Gianni Rodari: eso es lo que nos promete la inmortalidad a través de las letras. Es el sueño infantil de que, en alguna parte, una vez que nos hayamos ido, exista un coro que repita de manera ininterrumpida «Lamberto, Lamberto, Lamberto...»[4]. Y que, tal vez, a fuerza de repetir, nos haga incluso renacer y rejuvenecer. La inmortalidad que en el pasado nos ofrecían los libros no vale solo para las obras ajenas sino también para las propias: cuando dejas de estar ya no hay nada más, es decir, precisamente nada nadie en ninguna parte nunca. Quedan, si eso, las personas a las que hemos amado, pero esto confirma precisamente la importancia del convivir, su inaudita superioridad respecto del sobrevivir.

4. Rodari, G.: *Érase dos veces el Barón Lamberto*, Kalandraka, Pontevedra, 2020.

En cuanto al previvir, temo estar ya fuera de plazo. Ni siquiera las memorias de un octogenario tienen alguna anticipación que ofrecerme y, al no cultivar convencimientos ni esperanzas en una vida ultraterrena, no tengo mi *Recherche* de sesentayochogenario con la que poder prepararme para la vida del mundo que vendrá: porque ningún mundo vendrá, simplemente seré yo el que se vaya. Atendiendo ahora al vicevivir, también aquí la experiencia me ha enseñado algo, a saber, la soberana futilidad del mito del profesor viajante, el mito del conferenciante que no deja de viajar de una convención a otra y que llegó a instigar mi activismo juvenil. Pero si hay dietas para el cuerpo (a las que ahora me atengo escrupulosamente), en lo que respecta al espíritu siempre es difícil resistirse a la idea de que ya no es una tentación, como cuando se era joven, sino más bien una inyunción, un mandato: ve, debes ir. ¿Para qué, al fin y al cabo? ¿Para ampliar el *curriculum vitae* no añadiendo un solo día más de vida sino sustrayéndolo? Cuando, desde el juicio maduro, observo ahora aquella inyunción, me acuerdo de la parodia del imperativo categórico que propuso Bergson en *La evolución creadora*:

imaginemos una hormiga que tuviese una vislumbre de reflexión y pensara que era estúpido trabajar sin descanso para las otras. Sus veleidades de pereza no durarían, desde luego, más que unos instantes, el tiempo que brillara el relámpago de inteligencia. Pasado este momento, cuando el instinto recobrase su dominio, la haría volver a viva fuerza a su tarea, y la inteligencia, a punto de ser absorbida por el instinto, diría a modo de adiós; es necesario, porque es necesario[5].

Los años me han enseñado la importancia del convivir, que corroboro con la obstinación del neófito. Al final es lo único que cuenta, pero no descarto que lo esté diciendo solo porque creo, o caigo en el engaño de creer, haber saldado las cuentas con mi superyó. O porque creo haber sacrificado, en definitiva, lo que tenía que sacrificar en el altar del mandato misterioso y trascendente, recibido y almacenado en algún momento de la infancia, de tener que afirmarme profesionalmente, de tener que colocar la investigación en primer lugar. Me consuelo, en el fondo, pensando que, si hubiese actuado de diferente manera tal vez me hallaría en unas condiciones peores que las actuales y con formas de convivencia no mejores. Pero puede que sea como la zorra y las uvas. La verdad es que aún soy tan estúpido, tan animal esperanzado, por emplear el término con el que Nietzsche definía a los filólogos, como para esperar una mejora, un aligeramiento, un espíritu que, en lo posible, rejuvenezca con la sabiduría que hemos acumulado (si somos afortunados) a lo largo del tiempo en lugar de envejecer. No una resurrección, sino, por así decir, un renacimiento, algo que nos coge por sorpresa y que nos abre a una

5. La cita en verdad corresponde a *Las dos fuentes de la moral y de la religión*, de 1932, Buenos Aires, Editorial Sudamericana, 1962, pp. 62-63. *(N. del T.)*.

nueva esperanza, por lo menos eso es lo que esperamos. Al final, si puede haber algún valor en la experiencia, si hay algún sentido en el aprender a vivir, está justo aquí. Sin embargo, siempre se mantendrá esa sensación frustrante según la cual, cuando te parece que has aprendido a vivir, falta tiempo para hacerlo, gran parte de tu vida está ya a tus espaldas y no te queda sino lamentar o remendar (siempre esa eterna insuficiencia) lo que has dejado atrás.

En los momentos de felicidad, sin embargo, la sensación es distinta. ¿Cómo decía Raboni? «Lentamente como / absorbidos por una inmensa / moviola cada cosa volverá a tener su nombre, / cada alimento aparecerá en el comedor»[6]. Escribo esto aunque sepa demasiado bien, como supongo que lo sabía él también, que es un espejismo, una paradoja, una de esas cosas que nos decimos a nosotros mismos para animarnos, puede que después de que se las hayamos dicho a otros sin creérnoslo mucho. Y es la sensación de no haber hecho más que empezar a vivir, de poder hacer algo para dar un golpe de timón hacia otra dirección, la de un rejuvenecimiento inesperado o, por lo menos, la de compensar a alguien por los errores cometidos. Casi un nuevo comienzo, cada día, hasta el final. Porque está claro que, hasta el final, incluso en el último momento y cuando todas las puertas parecen cerradas, con todo el pasado a las espaldas, con todas las pasiones agotadas, puede abrirse un

6. En www.giovanniraboni.it/espanol/, cit.

resquicio, puede el espíritu enardecerse, o la adrenalina activarse (también eso es vida) ante un miedo nuevo, ese sentimiento que no engaña nunca, el de una amenaza que puede tener la misma fuerza que una promesa. Aunque el tiempo que queda parece cada vez más corto, y lo parece porque lo es, queda con todo la desmesurada promesa y potencia del proyecto, que es tanto más fuerte cuando más urgente es, precisamente porque no queda más tiempo. Y con esta débil fuerza mesiánica es como me despido de este portulano sin muchos embarcaderos en donde he tratado, esperando que puedan ser de alguna utilidad para alguien, de juntar las no demasiadas lecciones que creo, o eso espero, haber recibido de la vida.

Referencias bibliográficas

Doy a continuación la bibliografía en orden alfabético de las obras mencionadas o citadas en el texto. En la mayor parte no he señalado el número de la página porque en muchos casos he empleado e-books[1].

ADORNO, T. W., *Minima Moralia. Reflexiones desde la vida dañada* (1951), Taurus, Madrid, 1998, traducción de J. Chamorro Mielke.

–, T. W., *Metafisica. Concetto e problemi* (1965), ed. de R. Tiedemann; tr. it. de L. Garzone, con ed. a cargo de S. Petrucciani, Einaudi, Turín, 2006.

ALBARET, C., *Monsieur Proust* (1973), Capitán Swing, Madrid, 2013, traducción de E. Tusquets y E. Martín Ortega.

ALLAN POE, E. *La carta robada* (1844*) en Cuentos, 1,* Alianza, Madrid, 2010, trad. de Julio Cortázar.

ANSALDO, G., *Il vero signore. Guida di belle maniere*, Longanesi, Milán, 1947.

ARISTÓTELES, *Poética*, Alianza, Madrid, 2013, traducción de A. Villar Lecumberri.

–, *Ética a Nicómaco*, Alianza, Madrid, 2014, traducción de J. L. Calvo Martínez.

---

1. Los títulos de las versiones en castellano de estas obras, de existir, se encuentran también en las notas al pie de las páginas donde son mencionadas. *(N. del T.).*

–, *Partes de los animales. Movimiento de los animales. Marcha de los animales*, Gredos, Madrid, 2000, trad. de E. Jiménez Sánchez-Escariche.

BEMBO, P., *Gli Asolani* (1505); ed. crítica a cargo de G. Dilemmi, Accademia della Crusca, Florencia, 1991 [ed. cast.: Bembo, P.: *Los asolanos*, Bosch, Barcelona, 2002, traducción de J. M. Reyes Cano].

BENJAMIN, W., «Sobre el concepto de historia», en *Obras I*, 2, Abada, Madrid, 2008, p. 130.

–, W., *Proust e Baudelaire. Due figure della modernità* (1939); tr. it. de I. Amaduzzi, ed. it. a cargo de F. Cappa y M. Negri, Cortina, Milán, 2014 [hay ed. cast: «Hacia la imagen de Proust», en *Obras II*, 1, Madrid, Abada, pp. 317-330, traducción de J. Navarro Pérez].

BERGSON, H., *Las dos fuentes de la moral y de la religión* (1932), Editorial Sudamericana, Buenos Aires, 1962, pp. 62-63. traducción de Miguel González Fernández.

BLANCHOT, M., *L'istante della mia morte* (1994); tr. it. de P. Valduga, en «aut aut», 267-268, 1995, pp. 32-37 [ed. cast.: *El instante de mi muerte. La locura de la luz*, Tecnos, Madrid, 2004, traducción de A. Ruíz de Samaniego].

BORGES, J.L., «A cierta sombra» y «Las cosas», en *Obras completas*, Emecé, Buenos Aires, 1974, pp. 991- 992.

BRETON, A., *Antología del humor negro* (1939), Anagrama, Barcelona, 1991, traducción de J. Jordá.

BURROUGHS, W.E., Burroughs, W.: *Yonqui (1953),* Anagrama, Barcelona, 2019, traducción en castellano de F. Roca.

CANINO, E., *La vera signora seguita da La vera signorina. Guida pratica di belle maniere*, Longanesi, Milán, 1958.

ČAPEK, K., *L'affare Makropulos* (1922); tr. it. di G. Mariano, nota di A. M. Ripellino, Einaudi, Turín, 1971.

CARDUCCI, G., *Jaufré Rudel* (1888), en *Odas bárbaras: rimas y ritmo y Poesía varia*, Planeta, Barcelona, 1973, traducción de A. Lázaro Ros.

CASTIGLIONE, B., *Il Cortegiano* (1528); tr. en it. moderno de C. Covito e A. Busi, Rizzoli, Milán, 1993 [ed. cast.: *El cortesano*, Alianza, Madrid, 2020, traducción de Juan Boscán, prólogo de Ángel Crespo].

CÉLINE, L. F., *Viaje al fin de la noche* (1932), Edhasa, Barcelona, 2011, traducción de C. Manzano.

–, L.F., *Bagatelas para una masacre*, Editorial Justicia-Valor-Paz, Librería Heidelberg, Monterrey, 2021.

–, *L'Écoles des cadavres*, Denoël, París, 1938.

–, *Les beaux draps*, Nouvelles éditions françaises, París, 1941.

–, *À l'agité du bocal*, Pierre Lanauve de Tartas, París, 1948.

–, *Conversaciones con el profesor Y* (1955), Caja Negra, Buenos Aires, 2012, p. 89, traducción M. Dupont

–, *De un castillo a otro* (1957), Edhasa, Barcelona 2024, p. 27, traducción de Carlos Manzano.

–, entrevista con Louis Pauwels, 1957, https://www.youtube.com/watch?v=4hjtjZYXXic&t=3125.

–, *Rigodon* (1961), Lumen, Barcelona, 1990, traducción de Carlos Manzano.

–, *Semmelweis*, (1952), Marbot, Barcelona, 2014, traducción de R Vilá Vernis.

CHURCHILL, W., *¡No nos rendiremos jamás! Los mejores discursos de Winston Churchill*, La Esfera de los Libros, Madrid, 2005, traducción de M. A. Devoto Carnicero.

CICERÓN, M. T., *De Amicitia*, Gredos, Madrid, 1999, traducción de V. García Yebra.

CONRAD, J., *El corazón de las tinieblas*, El País/Santillana, 2002, p. 155, traducción de Amado Diéguez Rodríguez.

D'ANNUNZIO, G., *Qui giacciono i miei cani* (1935), poema póstumo en *Poesia*, Crocetti, Milán, 1987.

DA PONTE, L., *Il dissoluto punito ossia Il Don Giovanni*, Dramma giocoso in due atti. Testi di Lorenzo Da Ponte, musiche di W. A. Mozart [Traducción al castellano en *Don Giovanni ossia, il disoluto punito*, Teatro Villamarta, Jerez, 2010, pp. 108-109].

DE BOTTON, A., *Cómo cambiar tu vida con Proust*, RBA Libros, Barcelona, 2013, traducción de M. Martínez Lage.

DELLA CASA, G., *Galateo, ovvero De' costumi* (1558); a cargo de R. Romano, Einaudi, Turín, 1975 [ed. cast.: *Galateo*, Cátedra, Madrid, 2003, traducción de A. Giordano].

DERRIDA, J., *Violencia y metafísica. Ensayo sobre el pensamiento de Emmanuel Levinas*, Anthropos, Barcelona, 1989, traducción de P. Peñalver.

–, «La farmacia de Platón», en *La diseminación*, Fundamentos, Madrid, 2015, traducción de J. Arancibia Martín.

–, *Cada vez única, el fin del mundo* (2003), Pre-Textos, Valencia, 2005, traducción de M. Arranz.

–, J., *Apprendre à vivre enfin. Entretien avec Jean Birnbaum*, Galilée/Le Monde, París, 2005.

EPICTETO, *Manual de vida*, Arpa, Barcelona, 2024, traducción de D. Hernández de la Fuente.

ERIBON, D., *Michel Foucault* (1989), Anagrama, Barcelona, 2006, traducción de T. Kauf.

FICHTE, J. G., *La exhortación a la vida bienaventurada* (1806), Tecnos, Madrid, 1995, traducción de A. Ciria y D. Innerarity

FITZGERALD, F. S., *Hermosos y malditos* (1922), Alianza, Madrid, 2019, traducción de J. L. López Muñoz.

–, *El curioso caso de Benjamin Button* (1922), Nórdica Libros, Madrid, 2014, traducción de M. Fernández.

–, *El gran Gatsby* (1925), Alianza, Madrid, 2021, traducción de R. Buenaventura.

–, *Suave es la noche* (1934), Alianza, Madrid, 2022, traducción de J. L. López Muñoz.

–, *El Crack-Up* (1936), *Buenos Aires, Emecé, 2013,* traducción de M. C. y Mónica Deléis.

–, *El último magnate* (1941), Anagrama, Barcelona, 2006, traducción de J. Silva Gutiérrez.

–, *Regreso a Babilonia*, (1962), Losada, Buenos Aires, 2013, traducción de P. Ingberg.

–, *Cartas a mi hija*, Alpha Decay, Barcelona, 2013, traducción de A. Fuentes.

FÖRSTER NIETZSCHE, E., *Das Leben Friedrich Nietzsches*, 3 vols., Naumann, Leipzig 1895-1904.

FOSCOLO, U., *Dei sepolcri* (1807); ed. critica a cargo de G. Biancardi y A. Cadioli, Il Muro di Tessa, Milán, 2010 [ed. cast.: *Últimas cartas de Jacopo Ortis. Los sepulcros*, Planeta, 1984, traducción de A. González-Blanco y M. Menéndez Pelayo].

FOUCAULT, M., *Las palabras y las cosas. Una arqueología de las ciencias humanas* (1966), Siglo XXI, Buenos Aires, 2013, traducción de E. C. Frost.

–, *Vigilar y castigar. Nacimiento de la prisión*, Siglo XXI, Buenos Aires 2002, p. 8, traducción de Aurelio Garzón del Camino.

–, *El gobierno de sí y de los otros: curso del Collège de France*, Akal, Madrid, 2011, traducción de H. Pons.

–, *El coraje de la verdad: El gobierno de sí y de los otros, II* (1983-1984); Akal, Madrid, 2014, traducción de H. Pons.

FREUD, S., «Más allá del principio del placer» (1920), en *Psicología de las masas*, Alianza, Madrid, 2010, p. 115, traducción de L. López Ballesteros y de Torres.

GADDA, C. E., «*L'incendio di via Keplero*», en Id., *Accoppiamenti giudiziosi* (1924-1958), edición a cargo de P. Italia y G. Pinotti, Adelphi, Milán, 2015 [ed. cast: «El incendio de la calle Kepler» en *Emparejamientos juiciosos*, Sexto Piso, Madrid, 2017, traducción de J. C. Gentile Vitale].

GARCÍA MÁRQUEZ, G., *Vivir para contarla*, Random House, Barcelona, 2002.

GOETHE, versos citados por Adorno.

GRACIÁN, B., *Oráculo manual y arte de prudencia*, Cátedra, Madrid, 1997.

GREGORIO DI NISSA, *L'uomo*; edición a cargo de B. Salmona, Città Nuova, Roma 2003.

HARARI, Y. N., *Sapiens. De animales a dioses: Una breve historia de la humanidad* (2014); DeBolsillo, Barcelona, 2023, traducción de Joandomènec Ros.

HEGEL, G. W. F., *Fenomenología del espíritu* (1807), Fondo de Cultura Económica, México, 2010, traducción de W. Roces y R. Guerra.

HEIDEGGER, M., *Ser y tiempo* (1927), Fondo de Cultura Económica, México, 2024, traducción de J. Gaos y González-pola.

–, *Carta sobre el humanismo* (1946); ed. de Helena Cortés y Arturo Leyte, Alianza, Madrid, 2013.

–, *¿Qué significa pensar?* (1954), Trotta, Madrid, 2005, traducción de R. Gabás.

HEMINGWAY, E., *Las nieves del Kilimanjaro* (1938), Noguer y Caralt, Barcelona, 1999, p. 46, traducción de J. Gómez del Castillo.

HOUELLEBECQ, M., *Aniquilación*, Anagrama, Barcelona, 2022, traducción de J. Zulaika.

HUXLEY, A., *Le porte della percezione* (1954); tr. it. de L. Sautto, Mondadori, Milán, 1958.

JAEGER, W., *Paideia: Los ideales de la cultura griega*, Fondo de Cultura Económica, México, 2017, traducción de J. Xirau y W. Roces.

JOYCE, J., *Ulises* (1920); Alianza, Madrid, 2022, traducción de M. L. Venegas Laguéns.

KAFKA, F., *Il cruccio del padre di famiglia* (1919), en Id., *La metamorfosi e tutti i racconti*, edición a cargo de G. Raio, Newton Compton, Roma 1974.

–, *La metamorfosis*, Alianza, Madrid, 2011, p. 11, traducción al castellano de Antonio Hernández García.

–, «Ante la ley», en *Ante la ley: escritos publicados en vida*, DeBolsillo, Barcelona, 2005, traducción de J. J. del Solar Bardelli.

–, *El proceso* (1925), Valdemar, Madrid, 2016, traducción de J. R. Hernández Arias.

KANT, I., *Crítica de la razón pura* (1781-1787), Taurus, Madrid, 2013, traducción de P. Ribas.

–, *Idee per una storia universale del punto di vista cosmopolitico* (1784), en Id., *Scritti di storia, politica e diritto*, edición a cargo de F. Gonnelli, Laterza, Roma-Bari 1995.

–, *Crítica del discernimiento* (1790), Alianza, Madrid, 2012, traducción de R. Rodríguez Aramayo y S. Mas.

–, *Fundamentación para una metafísica de las costumbres* (1797), Alianza, Madrid, 2012, traducción de R. Rodríguez Aramayo.

KEMPIS, Tomás de, *La imitación de Cristo*, Porrúa, México, 2006.

KREPS, D., *Leonard Cohen Penned Letter to «So Long, Marianne» Muse Before Her Death*, en «Rolling Stone», 7 agosto, 2016.

LEIBNIZ, G.W., *Nuevos ensayos sobre el entendimiento humano*, (1765), Editora Nacional, 1983, pp. 426-427, traducción de J. Echevarría Ezponda.

LODGE, D., *El mundo es un pañuelo* (1984), Anagrama, Barcelona, 2006, traducción de E. Riambau.

MAQUIAVELO, N., *Il principe* (1532); edición a cargo de G. Inglese, con un ensayo de F. Chabod, Einaudi, Turín, 2006 [ed. cast.: *El príncipe*, Alianza, Madrid, 2010, traducción de M. A. Granada Martínez].

MAGRELLI, V., *La vicevita. Treni e viaggi in treno*, Einaudi, Turín, 2019 [ed. cast.: *La vicevida (Trenes y viajes en tren)*, Kriller71 Ediciones, Barcelona, 2019, traducción de E. Hernández Busto].

MAGRIS, C., *Danubio* (1986), Garzanti, Milán, 1990 [ed. cast.: *Danubio*, Anagrama, Barcelona, 2019, traducción de J. Jordá].

MANN, T., *Diarios de entreguerras 1918-1939*, DeBolsillo, Barcelona, 2021, traducción de P. Gálvez.

MARCO AURELIO, *Meditaciones*, Alianza, Madrid, 2020, traducción de A. Guzmán Guerra.

MARX, K., *El capital* (1867, 1885, 1894); Siglo XXI, México, 2008, traducción de Pedro Scaron.

METASTASIO, P., *Ipermestra*, en *Tutte le opere di Pietro Metastasio*, ed. a cargo de B. Brunelli, vol. I, Mondadori, Milán, 1954.

MONTAIGNE, *Los ensayos* (1588), Acantilado, Barcelona, 2021, traducción de J. Bayod Brau.

MONTGOMERY, F., *Incompreso* (1869); tr. it. de R. Rusca, Giunti, Florencia, 1966.

MORAND, P., *Mon plaisir... en littérature*, Gallimard, París, 1968.

NABOKOV, V., *Curso de literatura europea* (1980), Bruguera, Barcelona, 1983, p. 14, traducción de F. Torres Oliver.

NAGEL, T., «¿Qué se siente ser un murciélago?» (1974), en *Ensayos sobre la vida humana*, Fondo de Cultura Económica, México, 2000, traducción de H. Islas.

NIETZSCHE, F., *El nacimiento de la tragedia*, Alianza, Madrid, 2012, traducción de A. Sánchez Pascual.

–, *La volontà di potenza. Frammenti postumi ordinati da Peter Gast e Elisabeth Förster-Nieztsche*, nueva edición a cargo de M. Ferraris y P. Kobau, Bompiani, Milán, 1992 [ed. cast. de esta obra de Nietzsche: *La voluntad de poder*, Edaf, Madrid, 1985, traducción de A. Froufe].

–, «1256. A Jacob Burckhardt en Basilea», en *Correspondencia. Junio 1850-Abril 1869*, vol. I, Trotta, Madrid, 2012, pp. 376-377, traducción al castellano de L. E. De Santiago Guervós

NIZAN, P., *Aden Arabia* (1932), Paradigma, Barcelona, 1991.

PASCAL, B., *Pensieri* (1670); edición a cargo de B. Nacci, Utet, Turín, 2011.

PIAVE, F. M., *Rigoletto*, melodrama en tres actos con libreto de Francesco Maria Piave, basado en el drama *Le roi s'amuse* de Victor Hugo, música de G. Verdi, Casa Ricordi, Universal Music Publishing Ricordi, 1990.

PIRANDELLO, L., *Discorso inaugurale del Convegno*, IV Convegno Volta. Tema: il teatro, Roma, 8 de octubre de 1934; ed. Stampa Reale Accademia d'Italia, Roma, 1934.

PLATÓN, *Dialoghi filosofici*; ed. a cargo de G. Cambiano, Utet, Turín, 2000.

PROUST, M., *En busca del tiempo perdido* (1913-1927), Alianza, Madrid, 2022-2024.

RABELAIS, F., *Gargantúa y Pantagruel*. Centro Editor de América Latina, 1969, p. 258.

RABONI, G., *Quare tristis*, Mondadori, Milán, 1998 [versión cast. en www.giovanniraboni.it/espanol/].

RODARI, G., *C'era due volte il barone Lamberto ovvero I misteri dell'isola di San Giulio*, Einaudi, Turín, 1978 [ed. cast.: *Érase dos veces el Barón Lamberto*, Kalandraka, Pontevedra, 2020, traducción de I. Soto].

SAFRANSKI, R., *Un maestro de Alemania. Martin Heidegger y su tiempo*, Tusquets, Barcelona, 1997, traducción de R. Gabas.

SALOMON, E. von, *Il questionario* (1951); tr. it. de P. Gerbore, Edizioni Settecolori, Milán, 2021.

SARTRE, J.-P., *Las palabras* (1964), Losada, Buenos Aires, 2002, traducción de M. Lamana.

SCHRÖDINGER, E., *¿Qué es la vida?*, Tusquets, Barcelona, 2015, traducción de R. Guerrero.

SERENI, V., *Tutte le poesie*, a cargo de M.T. Sereni, prefacio de D. Isella, Mondadori, Milán, 1986.

SHAKESPEARE, W., *Hamlet*, Alianza, Madrid, 2005, I, 5, p. 64.

SIENKIEWICZ, H., *A través del desierto y de la selva*, Anaya, Madrid, 1994, traducción de M. Olenska

SIMENON, G., *Memorie intime* (1981); tr. it. de L. Frausin Guarino, Adelphi, Milán, 2018.

SUN TZU, *El arte de la guerra*, Alianza, Madrid, 2022, traducción de G. García-Noblejas.

TEPL, J. von, *Der Ackermann aus Böhmen* (1460); edición a cargo de A. Berndt e K. Burdach, Weidmann, Berlín, 1917.

TOLSTÓI, L., *Guerra y paz* (1865-1869), Alianza, Madrid, 2015, traducción de I. Andresco Kuraitis y L. Andresco Kuraitis

–, *La muerte de Iván Ilich* (1886), Alianza, Madrid, 2016, p. 67, traducción de J. López-Morillas.

TOMÁS DE KEMPIS, *La imitación de Cristo*, Porrúa, México, 2006.

VALÉRY, P., *El cementerio marino* (1920), traducción al castellano de Jorge Valdivieso en «Revista Chilena de Literatura», 29, 1987.

VATTIMO, G., *Il soggetto e la maschera. Nietzsche e il problema della liberazione*, Bompiani, Milán, 1974.

VERNE, J., *La vuelta al mundo en ochenta días* (1872), Alianza, Madrid, 2011, traducción de M. Salabert Criado.

VICO, G., *La scienza nuova* (1744), en Id., *La scienza nuova e altri scritti*, Utet, Turín, 1974 [ed. cast.: *Ciencia nueva*, Tecnos, Madrid, 2006, traducción de R. de la Villa Ardura y S. Díaz Sepúlveda].

WALLACE, D. F., *Esto es agua. Algunas ideas, expuestas en una ocasión especial, sobre cómo vivir con compasión* (2009),

Random House, 2014, pp. 9-10, traducción de J. Calvo Perales.

WILDE, O., *El retrato de Dorian Gray* (1890); Alianza, Madrid, 2011, traducción de José Luis López Muñoz.

–, *De profundis* (1905); Siruela, Madrid, 2010, traducción de M. L. Balseiro

WILLIAMS, B., *The Makropulos case: Reflections on the Tedium of Immortality*, en Id., *Problems of the Self: Philosophical Papers 1956-1972*, Cambridge University Press, Cambridge 1973 [trad. cast.: *Problemas del yo*, Instituto de Investigaciones Filosóficas, UNAM, México, 2013, traducción de J. M. G. Holguera].

WILSON, E. O., *Génesis. El origen de las sociedades*, Crítica, Barcelona, 2020, traducción al castellano de P. Pacheco González.

YOURCENAR, M., *Memorias de Adriano*, Edhasa, Barcelona, 2011, pp. 31-32, traducción de Julio Cortázar.